かむぃ・あぃぬ・らむ

縄文の平和とカムィ・ユカㇻ

もくじ

はじめに

　戦争の無かった長い時期が、かつて、日本列島にあったという。縄文時代である。

　縄文時代に戦争（集団同士の抗争）が無かったというのは、考古学研究から得られた知見と考察とに基づいていて、今日では定説になっている。なぜ縄文時代に戦争が無かったのか。

　縄文時代と同じ時期に存在した古代世界の大文明はすべて、戦乱に明け暮れた激動の数千年の果てに崩壊してしまっているが、今日までの日本列島の歴史の大半を占めている縄文時代は、1万年あまり続いた。戦争のない縄文時代が終わると、日本列島は瞬く間に争いと戦乱の時代に移行した。縄文時代が終わって次の弥生時代が始まった時から、人々は、本州島以南の大小の島々で、日本語を用いて今日の日本文化への道を歩んだ大多数の人々と、北海道島以北の島々に残って、アイヌ語を用いてアイヌ文化を担ってきた少数のアイヌの人々とに分かれた。どちらの人々も日本列島という閉ざされた地域の中で、周辺大陸地域の人や文化との相互作用を経ながら、文化もことばも違ったまま、2千年にわたって、おおむね各々の独自性を保って今日にいたった。なぜ、このモザイクのような文化の両立がありえたのか。

　かつて存在したものの「存在の証」を、遺物や遺跡によって示すのが考古学であり、縄文時代の日本列島の物質文化は、考古学が教えて

くれる。しかし、戦争が無かったという存在しなかったことがらを示したり、そのような文化を担った人々の精神文化を知ったり、遺跡から出土した遺物が単なる交易品なのか、人間集団のそこでの営みを語るものなのかを判断したりするには、加えて、別の方法も必要になる。

本稿の目的はふたつある。

①　縄文時代に戦争が無かったのはなぜなのか。その理由を、戦争のない1万年間の歴史を担った人々（縄文人）の、精神のありよう（価値観・心性）を「縄文の心」と名づけて推測し、その痕跡を見つけ出すこと。具体的には、彼らが自然や人間に対して、どのような関係を取り結んでいたのかを考察すること。縄文時代に戦乱がなかったことを、考古学あるいは社会進化論とは別の視点からも考えてみたいのである。「縄文の心」にあい対する価値観については、縄文時代を終わらせて今日の日本文化への道を開いた弥生時代以来の価値観を「弥生の心」と総称して、対極の価値観の代表とする。

②　戦争をしなかった人々が存在していたことが、古代の日本語資料やアイヌのカムィ・ユカラ（神謡）の内容に伝わっていないかどうかを調べること。

以下本文Ⅰで、縄文時代における縄文の心について述べる。

Ⅱで、日本文化への道とアイヌ文化への道との分岐点のいくつかにおける、縄文の心の中身について述べる。

Ⅲ以降は、カムィ・ユカラの中に縄文の心を探す作業である。アイヌの人々は、縄文人に最も近い子孫だとされる。それならば、現代アイヌに伝わる言語文化にも、縄文人の自然観なり価値観なりが引き継

がれていると思われるからである。Ⅲでは、Ⅳ以下の準備として、カムィ・ユカラを謡うことばつまりアイヌ語の、成り立ちと特徴について述べる。

　Ⅳで、アイヌの口頭伝承カムィ・ユカラに関する若干の知識を共有しておきたい。

　Ⅴでは、カムィ・ユカラに「縄文の心」がどのような形で受け継がれているのか、いくつか例示して具体的に見る。

　Ⅵで、戦争のなかった縄文時代の「縄文の心」が、カムィ・ユカラの戦いの話題の中に見て取れるかどうか、どのような戦いの形がカムィ・ユカラにおいて謡われているのか、戦いを伝承することばの面からも考えてみる。

　最後にⅦで、資料の全123編によって、それぞれに現われているアイヌの人々の考え方と感じ方とを確かめたい。

　なお、縄文時代は、その後の弥生時代と分かれて、北海道以北でその文化を継承発展させたが、その時代区分（歴史文化編年）にはいくつかの提案がなされていて、まだ共通のものとして設定されるには至っていない。そこで本稿では、現在考古学で用いられ、一般に知られている縄文文化期、続縄文文化期（弥生時代、古墳時代、飛鳥時代）、擦文文化期（奈良時代、平安時代、鎌倉時代前半）、アイヌ文化期（鎌倉時代後半、室町時代、安土桃山時代、江戸時代、明治時代以降現在まで）の時代区分を便宜上用いている。

I　縄文時代と弥生時代

I－1　自然環境と自然理解

　日本の先史時代の文化は、後期旧石器文化の時代と縄文文化の時代とが連続していると言えるが、自然環境の上では、ふたつの文化の質に関わる変化があった。氷河期後の気温上昇によって、旧石器時代の終わりから縄文時代の初めにかけて、現在の九州島は大陸から離れた島になり、続いて北海道も島になった。縄文人が暮らす地域は海に囲まれた島々になり、現在に至っている。大陸南北から動物が移動してくることがなくなり、列島は閉じた生態系になった。大型動物が絶滅した後、人々は、シカやイノシシなど中・小型動物の狩猟、沿岸および内水の漁労、森林植物の採集を主な食料獲得の手段にした。多少の気候変動や地殻変動を受けつつ、列島に残った人間とその他の動植物は、量的に均衡を保った。温暖で安定したこの生態系には四季があり、動物が死んだり植物が枯れたりするのは、命がなくなることではなく、再び誕生したり芽吹いたりして、命は廻るものだと人々は理解した。同時に、動植物の目に見えている体は土に帰っても、再びよみがえって現われることを知って、「たましい」の存在を信じる死生観を持ったと思われる。

　口頭伝承カムィ・ユカラによって今日に伝わるアイヌの死生観によれば、死んだり機能を失ったりすると、体は腐ったり粉々になったりする。しかし、たましいはなくならない。そして、そのたましいは、

また同じものに生まれ変わるなり、他のものに変わって生まれてくるなりする。つまり、たましいはいつまでも循環して存在し続けるという考えである。罰を受けたものは、この生死の循環からはずされるが、そのようなたましいであっても、別の場所で別の姿に宿って生き続ける。縄文人は、これとまったく同じようなたましいと生死についての考えを持っていて、以来アイヌに至るまでの人々は、たましいはなくならないという世界観を持ち続けてきたのだと考えられる。

　この死生観はまた、自然界に存在するものすべてには、死んでなくなる姿のほかに、いつまでもなくならないたましいがあるという点で、すべてのものは対等であるという理解をもたらした。死んでまたもとの自分に生まれ変わることもあれば、まったく違うものに変わって生まれてくることもあり、どのような形であれ、たましいは不滅かつ対等な存在であるという価値観である。縄文人たちは、多様な生き物が共存する世界とそれを維持する暮らしを、「存在の対等」の考えの下に実践していたといえる。

　それぞれ対等な存在である他者と接する中で、人々は一つ一つの存在のしかたを詳しく知るようになっていった。現代科学につながる理解もあれば、まったく違う理解のしかたによっても、人や自然をとらえた。人々は、詳細な観察による知識と、納得のいく解釈とを共有した。

　アイヌのカムィ・ユカㇻでは、生き物の生態や自然景観や災害などが詳しく語られる。北海道島で生業の基本を狩猟と採集に置いてきた人々は、動植物の種類や生態や生活への役立て方や、四季の移り変わりにともなう自然現象の様相を正確につかんで、それらの知識をカムィ・ユカㇻの話題にして口頭で伝えてきた。今日まで伝わっているも

のはその一部分かもしれないが、人々が納得したものや必要としたものであろう。カムィ・ユカㇻを「文芸」の一種とみなして「研究」するときには、話の内容（筋）や構成の巧拙に視点が置かれて、口頭による伝承の理由や意義は問わない。現代人の知識の及ばない内容の伝承は、空想の産物とか稚拙な感情表現とみなされる。しかし伝承されてきた災害への警鐘などの多くは、今日の科学に矛盾しない。カムィ・ユカㇻのような口頭伝承を無理に文芸として論じることをせずに、別系統の言語文化とみなすことを求めたい。

　8世紀初頭に、ヤマト王権中枢の知識人によって編纂された『古事記』上巻には、神々の生成や死が物語られている。その生まれ方と死に方はさまざまであるが、ここに見られる死生観にも、生命の循環に根ざした考えがうかがわれる。高天原の神のように「無」からおのずと生まれる神々や、自然現象や抽象概念の神格化と解釈できる神々や、死んだ神の身体の各部分から転生した神々があり、神や生死についてのアイヌの観念と似ている。

　『古事記』の素材は、漢字の利用が始まった初期に各地の豪族に伝わっていた記録や言い伝えであるが、自然現象や生態の描写はほとんどない。代わりに、農業、冶金、窯業などを重視していた8世紀前後の観点から、それらに関する神々が登場する。ヤマト王権中枢に位置することになった豪族には、縄文時代の自然観は、あまり伝わっていなかったのだろう。

　縄文時代の自然環境に対応した各種の道具類（斧、槍、弓矢、銛、釣り針など）と土器類が、この時代の主な物質文化の内容である。縄文文化の範囲は、沖縄本島から千島列島南部とされる。

I－2　縄文人

　縄文時代の日本列島に生きていた人々は、どこから来たのか。彼らと現在の人々とは、どのくらいのつながりがあるのか。ことばや文化の面で歴史をさかのぼると、いつごろまでのつながりが確かめられるのか。考古学や人類学や言語学やDNA解析の研究結果による認識を共有しておきたい。

1　縄文人の渡来経路

　縄文時代の人骨の出土は希である。旧石器時代人となると、本州での検出はなく、沖縄県のミナトガワジン（港川人）が約2万年前とされる。静岡県のハマキタジン（浜北人）は、縄文人骨と見られている。

　後期旧石器文化時代の人は、九州も北海道もまだ大陸とつながっていた時期には、大型動物を追って南から北からやってきたが、まず九州が島になり、南経路が途切れた。朝鮮半島とも切れて、最後まで残ったのは、もっぱらユーラシア大陸の北東から、サハリン島やカムチャッカ半島を経て北の大地にやってきては南下していった人々である。この北経路の人々と、すでに南方から来ていた人々とで、後期旧石器時代の日本列島人が形成され、さらに縄文時代の終わり近くまでの長い時間をかけて縄文人として広がった。

　縄文時代には、これら列島の陸上生活者たちとは別に、周辺海域や内海での漁労を生業とする人々も居た。彼らは陸上生活者には及ばない規模の大きな情報の持ち主であり、大陸からの文物（例えば土器や人に馴れた小動物など）をもたらしたと思われるが、実際に陸上の縄文人の物質文化や精神文化に及ぼした影響や、彼ら独自の価値観などについては、習俗の一部（抜歯や入れ墨、贈与による付き合い）のほかは、多

くは知られていない。

　DNA解析による人類系統の研究から、日本列島には三つの集団（アイヌ、琉球、本州・四国・九州の人々）が考えられている。これら三者は皆北方モンゴロイドであって、韓国人と共にひとつのグループをなし、中ではアイヌと琉球の人々の近縁性が高い。本州から九州にかけて多数を占める人々は、韓国人の方により近いとされる。また、縄文人は、北東アジアから南下してきた後、大きな遺伝的変異にあわなかったと見られている。

2　北方系の文化

　日本の後期旧石器時代の遺物には、細石刃その他、ユーラシア大陸東北部の文化の系統が多い。北海道島で出土する石器類の多くについても、それらの組み合わせなどから、シベリア地方や中国東北部の文化との関連が指摘されている。石器類が出土する地層は洪積世後期の火山灰層（ローム層）であるが、このローム層から検出される遺物は、今日の亜高山帯性植物とマンモスなど寒冷適応動物である。北方系の石器を活用して、寒い地方の動植物を食べていた旧石器時代の人々の文化と暮らしが浮かび上がる。日本列島は、この後、先土器文化を経て縄文文化の時代になる。

　縄文時代は土器の文化であるが、中国大陸の特徴を受け継ぐ3種類の土器群があり、縄文時代は、南方系の人々がもたらした土器文化から始まったようにも見える。

3　北方のことば

　一方、縄文人が北方系の旧石器時代人を祖先に持っていると思われ

ることは、出土品による考古学的観点のほかに、日本列島の言語の面からも指摘できる。旧石器時代に日本列島の人々が、どのようにして互いに意思疎通をしていたのかは、まだまったくわかっていない。しかし、人類がことばを獲得したのは中石器時代だと言われているから、北方からやってきて日本列島の旧石器時代や縄文時代の文化を担った人々は、ことばを使用していたと考えてよいだろう。仮に縄文語と呼ぶことにするそのことばは、縄文時代の終わり頃までに、語彙数を少しずつ増やし、文法を整えつつ、緩やかに進展していっただろう。この間に、多人数の人間集団が日本列島に到来した歴史的必然性や事実は知られていない。したがって、まったく別系統の言語が縄文語に取って代わるような事態は起こらなかったと思われる。

　ところで、ユーラシアの北方から日本列島にやってきた人々の移動経路をたどって見ると、その経路に現存する民族の言語は、軒並みアイヌ語と同じ言語学上の特徴を持っている。最も西には、同じ特徴のケット語が今も使用されている。ユーラシアの北をさらに東に移動して、シベリアの北からそのままアラスカに渡った人々のエスキモー語、アリューシャン列島の先住民のアレウト語、カムチャツカ半島を南下した人々のチュクチ語、コリャーク語、イテリメン語、さらにその先の千島アイヌ語、サハリン島のニブフ語や樺太アイヌ語などが、北海道アイヌ語と共に、まとめて古アジア諸語と言われる。これら北方の言語は、現代日本語や朝鮮語とは複合語の構成法などが違い、言語学上別のグループの言語である。日本列島の旧石器文化や縄文文化の担い手は、北方から南下した人々を基礎に形成された人間集団であり、彼らは、今日のアイヌ語と同じグループの古アジア諸語のひとつであった縄文語を用いていたと考えられる。アイヌ語をさかのぼれ

ば、縄文語にたどりつくかもしれない。

　今日の日本語は、縄文時代の後、『古事記』などが著されるまでの千年ほどの期間に、朝鮮半島経由で多数渡来した人々の言語と縄文語とが融合・発展したものであろう。

Ｉ－３　縄文時代のおわり

　縄文文化の時代は徐々に変化して弥生文化の時代に移ったのではない。縄文時代は突然終わり弥生時代が突然始まった。突然の弥生文化は、朝鮮半島南部の人々が、その文化内容全体を九州北部に一気に持ち込んだ結果であると考えられている。

　朝鮮半島中南部（現在の扶余中心）には、前15世紀以来、ソングンニ（松菊里）類型と呼ばれる青銅器文明が栄えていた。文化の内容は、ソングンニ式土器とソングンニ式住居をともなう青銅器文化である。青銅器が武器の座を鉄器に譲り、祭祀器に特化していく時期ととらえられている。この文化を生きていた人々が、突如としてその居住地から姿を消す時期は、奇しくも弥生時代が始まる時期と重なる。ソングンニ文化消滅と弥生文化成立との間に何らかの関係があるのかどうか、目下研究が進められている。

Ｉ－４　異文化の受け入れ

　朝鮮半島から持ち込まれた文化の内容は、完成した技術としての水田稲作と、それを支える社会構造と、実際の大土木工事技術（水田作り、支石墓、環濠、灌漑設備など）、人々を結束させるための青銅器祭祀、弱肉強食をよしとする価値観、縄文人とは異なる自然観などであった。このような異文化の到来に際して、縄文晩期の人々は戦いを知らない

人々であったから、渡来人とその文化を、縄文の心によって受け入れたにちがいない。縄文人が受け入れて、異文化は瞬く間に根付いた。わずか300年ほどで、九州から山陰地方には多数の稲作集落ができ、互いに抗争し、戦乱の多さが中国の史書に記載されるほどだった。

Ⅰ-5　異文化の拒否

　縄文時代が終わると、日本列島には弥生文化から現在の日本文化にいたる流れと、縄文文化から現在のアイヌ文化につながる流れとの二つの文化が別個にできていく。その原因は何だったのか。

　渡来文化の中でも、渡来人の価値観や祭祀は、縄文人のまったく知らないものであったと思われる。稲作を生業の中心に置き、自然を改造し、必要以上のコメを生産し、集落をかこったり稲魂を祭ったりして結束を図り、すべてのものに優劣、強弱、上下、貴賤、損得のような等差をつける渡来思想に初めて接して、戸惑う人や無関心の人もいたことだろう。これらの人々は、弥生文化の道には与せずに、縄文文化を継承・発展させ、日本列島のもうひとつの文化を担っていった。

Ⅰ-6　日本語について

　渡来人は縄文語ではないことばを用いていた。ことばは、一世代か二世代ですっかり交代しうる。渡来人が大集団であって、異文化に親しむようになった縄文人がたくさんいたのであれば、縄文人は渡来人のことばになじみ、この地方のことばは、渡来言語と縄文語との複合的雑種的なものになって母語となり、やがて日本語へと固定したように思われる。ただ、古代日本語と古代朝鮮語との関連についての研究は、朝鮮半島が古来戦乱続きであったため、紙の文字資料はもとよ

り、金石文などの考古資料も極めて少なく、難航している。しかし、『古事記』は伝承をもとに、8世紀初頭の日本語を交えて文字表記されているし、アイヌの口頭伝承は20世紀になって、アイヌ語のままローマ字や日本のかな文字で表記されるようになっているので、今日ではこれらにより、古代日本人やアイヌの人々の考え方や感じ方を知ることができる。

I－7　戦いの型

　縄文人はなぜ戦争をしなかったのか。それは、戦争のきっかけや目的や戦いの型などすべてがわかっている弥生時代以降の戦争から、その正反対のものを知ることによって推測することが出来る。弥生時代以降現在に至るまでの文化では、戦いは、相手を抹殺して、その有形無形の所有物を奪って、自分のものにすることに目的がある。古今東西のすべての戦争とおなじである。『古事記』の中・下巻に記される夥しいいくさや謀殺は、弥生人の子孫が皇位や財宝を奪って自分のものにすることを目的にしたものであり、その戦いに勝つことをよしとした価値観であることを具体的に示している。縄文人の価値観がこの対極にあるとすれば、地位や財物のように、奪えば自分の物にできるようなもの（交換可能なもの）に関心がなかったからであろう。このことは次のIIで詳しく述べる。

I－8　弥生時代

縄文時代を突然終わらせた弥生文化

　＊1　前500～前400年ころ、朝鮮半島南部の青銅器文明の人々が、九州北部の沖積平野に大挙渡来して、その文化をそっくり持ち込ん

だ。多くの縄文人が、渡来人と渡来文化とを受け入れ、渡来文化の移植を実質的に成功させた。

　＊2　渡来人の文化は、縄文人の精神文化にも影響を及ぼした。縄文人の精神文化については、土偶祭祀の消長とそれらの時期の暮らしとのかかわりが研究されている。それによれば、異文化の渡来を境に、土偶祭祀は行なわれなくなり、代わりに青銅器の祭器によって稲魂を祭るようになる。死生観としては、渡来系の墓の形式が多く見られるようになる。社会に格差があることを示す巨大な墓石を持つ支石墓は、朝鮮半島全域に見られるが、九州で見られるものは、朝鮮半島南部の形式の墓である。それらは九州の広い範囲で確認されている。ほかにも甕棺の使用など、朝鮮半島南部の精神文化の強い影響が、短期間に浸透したことがわかる。

　＊3　稲作のための集落（ムラ）は、初めは九州北部に群在していた。やがて、余剰のコメと、鉄製農具と鉄の武器を多く持つものが、周辺のムラを取り込んで大きくなった。これら土豪は勢力を広げ、弥生後期の紀元3〜4世紀になると、九州、山陰、山陽、近畿はいくつかの土豪によるムラの集合体（クニ）が境を接して地域を分割し、少数のクニが実権を握るようになっていた。

Ⅰ-9　世界史の中の縄文時代

　もし縄文時代が戦争の無い時代だったのだとしたら、同じ時期の地球上には、正反対の二つの価値観があったことになる。

　古代のすべての巨大文明は、ピラミッドのエジプト文明、青銅器のメソポタミア文明、金石併用の交易民クレタ文明、都市国家のインダス文明、農耕・文字使用の中国文明など、富と権力を一身に集めた王

者が、膨大な数の人を奴隷として使役したり戦争を繰り返したりして、大自然を改変しつつ領土と勢力を大きくした。同じ頃、日本列島は縄文時代で、人々は違う価値観の世界が別のところにあることを知らずにいた。墓は集落の中にあり、金属の道具や武器はなく、小さな集落はあったが富の蓄積による社会の階層化や不平等は進んでおらず、戦争がなく、交易や農耕を生業とせず、文字はなかった。

　所有欲や支配欲や闘争心は、最強のものに救いを求めてそれらの欲求を許してもらおうとする宗教心と共に、巨大文明の王者はもとより、人間というものの属性のようにいわれる。しかし、巨大文明に接することのなかった地域には、自然を改変したり富と力を占有して支配者になろうとしたり、絶対者にすがろうとしたりする心の持ちようを知らない人々がいた。彼らは、すべての事物とその存在とを、ありのままに受け入れていた。北海道島の山・川・森は縄文人以来、そのような世界観（縄文の心）によって維持されてきた。

　縄文人が絶対者の存在を信じたり、それに救いや許しを求めたりする考えがあったかどうかはわかっていないが、カムィ・ユカㇻからはそのような考えはうかがえない。すべての存在は対等であり、善悪や強弱は属性ではなく、状況次第で変わる状態なのである。尊敬して祀っているカムィであっても、正しくふるまわなかった時には、人々は注意したり抗議したりする。

　『古事記』上巻には、わが子が死んだ時に蘇生してくれるように頼む決まった相手として天上界の神がいて、望みに応えてやる話がいくつかある。縄文人やその子孫とは違った考えだと思われる。ちなみに、上巻に二百三十柱ほど登場する「神」・「命」の大半は、単なる美称や敬称であり、哲学的あるいは宗教的意味合いはない。

II 戦争をしなかった縄文人

　1万年の縄文文化を担った人々は、なぜ、戦争をしなかったのか。その理由を推測するために、縄文人の暮らしの場面ごとに、その対応の仕方を見て、彼らの考え方や感じ方の根底にあったと思われる価値観を探ってみる。

II－1　縄文人と自然：共存と不変
　縄文時代、地球の気候変動による生態や地勢の変化に対しては、人間のほうが合わせて、人々はその暮らしかたを変えていった。温暖化と寒冷化の繰り返しによって、動植物の種類と生息域とが変化したことや、環境や用途に合わせて、食料とする動植物を得るための道具類が変化したことが、出土遺物の考古学研究で明らかになっている。そこからわかるのは、人間が自然に合わせて生きていた事実である。自然界を、その恵みも脅威もすべてあるがままに受け入れることが、あらゆる事物・事象に対する縄文人の基本的な姿勢であった。
　弥生時代になって真っ先に変わったのは、人間と自然との関係であった。自然の中の食べられるものを、食べる分量だけとって、工夫して、おいしく食べるというのが縄文人だった。縄文人は雑穀などを栽培したが、日光が差し込むように、間伐や枝払いをする程度の栽培管理であった。自然はその生態系に影響を受けなかった。縄文時代後期後葉にコメは存在したが、コメ作りを生業の中心には置かなかった

とされる。しかし、千年以上のちに朝鮮半島からやってきた文化は、自然への対し方がまったく異なった。稲を効率よく育て、コメをたくさん収穫するという目的のために、多数の縄文人が台地や森林から下りて、生活の場を沖積平野に移した。稲の耕作民は、大規模な水田を開き、灌漑施設を造り、集落の周りに壕をめぐらせた。やがて、回復しないほどにまで森から木を切り出して、燃料にした。弥生人は、動植物も水も大地も、人間が支配すべきもの、支配しうるものと考えた。自然のほうが、人間の暮らしや考えにあわせて変わるべきだと考えた。そして自然を改造し続けた。変えないから変わらなかった1万年の縄文時代は、変えるという外力に屈した。

II−2　縄文人のくらしかたと人付き合い：共存と平等

　縄文人は食糧を得るための作業を共同で行い、得たものを平等に分配したと考えられている。斧も槍も弓矢も武器ではなく、狩猟や採集にしか使われない日常生活用具であった。得た食糧の取り分の多少によって、人間関係に格差が生じることはなく、したがって、人を支配したりされたりする関係は生じていなかった。人々の暮らしぶりが対等であったのなら、人のものをうらやんだり奪ったりすることはなかったであろう。人付き合いは、対等な関係によって成り立っていた。

　このことを、縄文語が祖語であると思われるアイヌ語から推測してみる。

　アイヌ語では、ひとつの物の名について、「概念形」という形で表現すべきである場合と「所属形」と言う形で表現すべきである場合があって、それらを厳密に使い分ける。これは、縄文時代から、アイヌの祖先であった縄文人たちが、自分の一部として他人には与えることがで

きないものが何であるのか（所属形にして示す）、あげたりもらったり分け合ったりできる交換可能なものが何であるのか（概念形で示す）をきちんとわきまえていて、それを文法に反映させた結果である。自分の一部として他人に与えることのできないものの代表は、生命、プライド、思い（ラム）、記憶などであろう。またアイヌ語では、動詞を用いるときに、主語を明示する。誰がそのことばを発しているのか、誰の行為なのかを言わなければならない。他人と交換することのできない生命やプライドや思いや記憶が、どの人にも備わっているという意味で、人々は互いに対等である。これが縄文人の人間関係の基本であった。

　縄文人は、どの人にも具わっている交換できないものは、天が自分だけに与えたものであると考えた。その大小や高低や強弱は、他人との比較による相対値ではなく、各人にとっての絶対値として意識されたことだろう。力が強い動物、弱い虫、大きくて役に立つ木、食べるところの少ない草、何であっても等しくその個性を受け入れた縄文人が祖先であったからこそ、アイヌの人々は、有形無形の存在ひとつひとつをカムィと呼ぶ文化を作り上げたと思われる。

　生命もプライドも思いも記憶も、何らかのきっかけでその持ち主から離れたとたんに、その意義を失う。他人は、それらを消滅させることはできる。しかし、奪って自分の物にすることはできない。この価値観が根底において共有されている世界では、奪い取るために他人と戦うという考えは生まれない。縄文時代はこのような世界だったのだろう。

Ⅱ-3　あらそい

　戦わない縄文時代はなぜ終わったのか。それは、戦いを知っている人々や、戦いから逃れてきた人々が、朝鮮半島から渡来したからであると考えられる。前3〜4世紀頃に大陸から朝鮮半島を経て日本列島を目指した人々の移動は、大昔のような「食いつなぐ」ことが目的の行動ではなかったと思われる。稲作文化を完成させていた人々は、北からの圧力を押し返すのではなく、眼前の陸地に向かってその文化を拡大させようとしたのだろう。戦いを知らなかった縄文人たちは、渡来文化を受け入れ、徐々に戦いの形と本質を知っていったと思われる。弥生時代に始めて日本列島に出現した戦いは、相手の持ち物を武器と兵によって奪い、奪ったものを自分のものにするのが目的であった。この戦いを「弥生型の戦い」と呼ぶことにする。弥生型の戦いでは、一人の人間は交換できる1個の物体とみなされ、人間集団は物の集積として扱われる。弥生型の戦いでは、大義のあるなし、手段の是非にかかわらず、勝ち残って目的を達成したものが正しいとされる。

　縄文時代には、この弥生型の戦いはなかったと思われる。日々の暮らしをあるがままに受け入れて、物を蓄える余裕がなく、余ったとしても蓄えるという考えのない暮らしかたをしていた人々の社会には、財力に依拠する支配者は生まれていなかった。物の所有を巡って対立する人間集団もなかった。縄文時代には、弥生型の戦いの起こる条件がなかったといえる。

　縄文時代にはいかなる争いもなかったのかというと、そうでもなさそうである。アイヌの口頭伝承カムィ・ユカㇻでは、集団同士の戦いではなく、プライドを掛けた一対一の戦いが主要な話題であることが多い。戦いの目的は、誤解を解くため、恨みをはらすため、相手の不

正を追及するためなどである。相手の所有物を奪って自分のものにする戦い、自分の力を誇示するために衆を頼んだり不意打ちを食らわせたりする戦い、相手の命を奪うことが目的である戦いは見られない。縄文時代の戦いは、対等な人格が、自分の正しさを主張したり、相手の不正を指摘したりする行為であったと思われる。これらを、「縄文型の戦い」と呼んでおく。

　縄文型の戦いは一対一である。当事者はそれぞれ自らの属性である言葉を極めたり、力や巫術を出し合ったりして、自分の正しさを主張し、どちらかの主張が行き詰まった時に、戦いが終わる。どちらも自分の意思で戦い、他人の戦いのために働かされることも、他人を巻き込むこともない。人々は、正しいものが勝つ、正しければ勝つと了解している。

　縄文時代に弥生型の戦いがなかったとしても、縄文時代が終わって千年ほど後になると、縄文人の子孫たちは、ヤマト王権の北方侵攻に応戦するという形で、弥生型の戦いを経験するようになった。それ以降は、近現代に至るまで、和人を相手に、同胞を相手に、あるいは日本兵として他国人を相手に、弥生型の戦いが続いた。

　カムィ・ユカㇻの話題に、弥生型の戦いそのものや弥生型の戦いの兆しが現われているかどうかについては、ⅥとⅦで検討する。弥生型の戦いの兆しとは、人命を奪う目的、財物を奪う目的、徒党を組む戦闘、自分の属性ではないもの（武器や兵）の使用、大義のない戦い、手段を選ばない戦い、不正であっても勝てば正義とみなされる戦いなどが見えることである。

Ⅱ-4　文字

　日本語が漢字に出会い、使いこなすようになった頃には、縄文人の子孫（続縄文人）も文字に接したり、その用途や用法や効果を知るようになったりしていたはずであるが、彼らは文字文化を受け入れなかった。これはなぜか。縄文人の子孫が文字を受け入れなかった理由を、縄文の心に即して推し量ってみる。思いや記憶は、自分だけに天が授けてくれたものである。もしそれらが文字に固定されてしまうと、いつでも誰とでも交換できるものに変わってしまい、自分の一部であり自分だけの物とはいえなくなる。このことを縄文の心の持ち主は直覚したに違いない。文字を使えなかったのではなく、人格が対等であるための基本的なものが失われることに彼らは同意せず、意思を持って文字を使用しなかったと考えられる。ひとの思いを文字で書きつくすことの可能性に疑問を持ったのかもしれない。記憶と文字との関係についてのこの思いは、現代にまでつながっている。文字を使わないために不利益をこうむったり、文字を使えるのに使おうとしなかったりするアイヌの古老に文字を使わないわけを尋ねると、自らの記憶こそが最も価値あるものであり、記憶する力を失わないために、文字を使わないのだと答えるという。

Ⅱ-5　交易

　縄文時代には、日本列島の人々は南から北まで、同じ価値観で物のやり取りをしていた。その詳しい方式はわからないが、狩猟・採集における収穫物の平等分配に通じるやり方であったと思われる。

　その後、北の大地で続縄文人たちが縄文時代と本質的には変わらない狩猟・採集を主とした暮らしをしていたころ、本州以南では、古代

から中世へと時代が進んでいた。日本列島南北の交易において、獣皮やワシの尾羽やサケなどの北方産物の重みが増し、続縄文人たちも狩猟で得た北の産物を対価として、本州の鉄器や酒や衣類などを入手する交換社会に参入するようになった。生業における交易の割合が増えてくるにつれて、続縄文人は、物々交換という形のもののやりとりを知った。縄文時代以来何千年もの間、人々は獣であれ木の実であれ、必要なものを共同作業で手に入れ、日々の暮らしにおいても祭りにおいても、天がそれらをわけ隔てなく授けてくれたものとして、平等に分配してきた。人々の間で物が行き交うのは、贈り物の形であった。交易のように、価値の違うものを何らかの尺度の天秤にかけてつりあわせてやり取りする物々交換の仕組みを、かれらは理解しなかっただろう。交易という交換する文化に、かれらは少なからぬ葛藤をおぼえたらしい。そこで彼らが編み出した工夫が、異なる共同体との物々交換によって得たものを、自らの共同体の中では贈与の形で分配するというものであった。この方式は、近年までアイヌのコタンで行なわれていたイヨマンテ（クマなどの魂送り儀礼）の実施が示しているように、富が特定の人に集中することなく、集落の各人に還元されるためのシステムになっていたと考えられている。もののやり取りを贈与や平等分配によって行なってきた人々が、貨幣による売買その他の仕組みにさらされた時には、現代でも世界各地で、続縄文人やその子孫たちが行ったのと同じように、自らの価値体系へ変換するというやり方によって、その価値観を守っているようだ。

　アイヌの人々は、交易で得た日本文化の品々に自分たちの価値を与えて、独自の意味を持たせて扱った。錆びた日本刀や刀剣に似せた竹光には、美しい彫刻を施した鞘をつけて宝壇に陳列し、穴の開いた硬

貨は、装身具の一部にした。(アイヌにとっての宝物の意味についてはⅥ-1-＊6-ivで述べる。)

　アイヌ文化につながる人々にとって、交易は長いあいだ異文化との接点であったが、かつて縄文人が朝鮮半島からの渡来人集団に接した時や、明治政府の強引な同化政策にアイヌの人々が組み込まれることになったときのような、生き方と価値観の転換を強制されるほど大きな影響を与えはしなかった。

　Ⅱ-1からⅡ-5で見てきたように、あらゆるものをありのままに受け入れて変えない心を持った人々が、互いを対等な存在として認め合っていたのが縄文時代であって、その心はいまなおいくつかの場面に伝わっていると考えられる。

Ⅲ　縄文語とアイヌ語

　前のⅡで、縄文時代の平和を担った縄文人には、あらゆるものをありのままに受け入れて変えない心と、あらゆるものを対等な存在とみなす心とが共有されていたのであろうと推測した。そうであるなら、その縄文人のいちばん近い子孫であるとされるアイヌの人々の文化には、先祖である縄文人の心が何らかの形、何ほどかの程度で伝わっているに違いないという期待が生まれる。現代アイヌの文化のなかで、この期待に応えてくれるものとして、カムィ・ユカラを取り上げる。

　アイヌの言語文化は、多くの研究者によって、それぞれの視点からの分類が示されている。最も詳細に検討している久保寺逸彦の分類を含めて、カムィ・ユカラはすべて文学の一形態と位置づけられている。例えば久保寺逸彦の「アイヌ文学分類表」では、歌謡文学—叙事詩—詞曲—神謡（カムィ・ユカラ）という細分に位置する。今日の学界では、口承文芸一般を文学論の中で論じる場合の一資料として、カムィ・ユカラが取り上げられる。

　しかし、本稿では、あえてこの分類の外にカムィ・ユカラを置いて考える。文字を使用しなかったために、口頭で伝承してきたのは、アイヌに限らない。日本語も、固有の文字が定着して本格的な有文字文化になるまでは、人々の言語文化は口頭で成り立っていた。古人は何を何ゆえに如何に後世に伝えようとしたのか。彼らの意図は、どれほど正確にあるいはどれほど歪められて伝わってきているのか。古人の

意図や意思を、現代の我々が文学鑑賞または研究の立場からしか評価しないことに、大きな違和感と失望をおぼえる。

　このⅢでは、Ⅳ以下の準備として、カムィ・ユカㇻを謡うアイヌ語という言語の成り立ちと特徴について述べる。ことばは、そのことばを使い始めた人々の心性を反映する。アイヌ語は、名詞と動詞の使用に際して、主語を明示することが大きな特徴であり、このことが、彼らの祖先である縄文人が人格の対等を基礎においていたことの表現であろう、とⅡで推測した。縄文人が用いて相互の人間関係を築いていた縄文語が、現代のアイヌ語にも反映されているのであれば、アイヌ語から遡って縄文の心に迫れるのではないか。

Ⅲ-1　縄文語の成立と継承

　日本列島を構成している島々は互いに近く、古くから南北の行き来は自由であった。石器時代や縄文時代の用具原材の産地と製品の出土地域とが、どちらも非常に分散していることからもそれがわかる。たとえば青森・三内丸山製鏃の原石が長野・星ヶ塔産であるなど、1万年の縄文時代の間に、日本列島の住人たちは、どこに行っても意思疎通ができる共通のことば（縄文語）と共通の価値観を持つようになっていたと思われる。

　縄文語の成立は、人類がことばを用いるようになり、それを発展させたときと同じ経過をとったであろう。縄文人がことばを共有していったときには、次のような条件が満たされていたはずである。

　＊1　ある人にとっての「熱い」がほかの人にとっても「熱い」であ
　　るというような、五感の共有。恐怖や歓喜の感情の一致。尊敬と

か軽蔑の意識の共有。

* ＊2　何らかの行動欲求の共有。
* ＊3　人体の部位や人間の生理や、音や色や形の感覚に関する共通の認識。
* ＊4　親子関係など家族を初めとする人間関係についての共通の認識。
* ＊5　病気や生死についての共通の認識。
* ＊6　身の回りの動植物への共通の認識や知識。
* ＊7　天体（月、星、太陽）や自然界の事物（海、山、川）や現象（雨、風、火、津波、地震、雷）その他への共通の認識。

　これらの条件を満たしたとき、縄文人は互いを理解しあったり、自己表現したり、行動を共にしたりするための手段として、ことばを発して使用していった。このことばは一つの言語として形が整い、アイヌ語へと継承されていったと考えられる。

Ⅲ－2　現代アイヌ語の中の古いことば

　日本語が文字資料によってさかのぼれるのは、上古までである。アイヌ語が地名や口頭伝承の内容から推してさかのぼれるのは、中世までであろう。どちらの言語からも、縄文語を知ることはできない。しかし、近年の研究によって、縄文人はアイヌの祖先である可能性が高くなっている。それならば、縄文語をアイヌ語の祖語であると仮定することも可能となる。

　日本語は、文字の使用にともなって、書きことばと話しことばの違いが固定したが、奈良時代から存在していて、語義があまり変わらず

に、今でも使用されている名詞や動詞がかなりある。

　現代アイヌ語には、どのようなことばが縄文時代から消えずに残っているだろうか。変わらずに残った可能性が高いのは、この1万年ほどの間に、変える必要がないために変えなかったと思われる、次のような基本的なことばであろう。

　　＊1　天体、地勢など自然物の名詞とその現象や状態を表す動詞。
　　＊2　昼と夜、季節など、時の認識のことば。
　　＊3　人体や動物の部位を表す名詞や感覚を表す動詞。
　　＊4　生死に関する認識のことば。

　ことばは、まず1音節の単語、次に2音節の単語、その後つぎつぎに複合語ができ、品詞では、まず名詞ができて、すぐに自動詞ができ、他動詞が派生していったと考えるのが自然である。アイヌ語の場合、もっとも基本的な本来の語根についてみると、それらはわずか数百程度であろうという。そうすると、現代アイヌ語の1音節や2音節のことばは、音節数の多いことばに比べて、その成立時期が古いと考えられる。実際に現代アイヌ語の辞書で調べると、8千〜1万語ほどの見出し語のうち、名詞と動詞の1音節語と2音節語との合計数はいずれの辞書でもおよそ2千語で、そのほとんどがことば発生当時にできるはずの基本的な語義のものである。

Ⅲ-3　アイヌ語の特徴

　ことばには、そのことばの成り立ちに関わった人々の心のありよう（価値観）が、語彙や語法や言い回しや語る内容として表れているに

違いない。縄文人はどのようにことばを紡いでいったのだろう。それを、現代アイヌ語から推測してみる。

1　主語の大切さ

　日本語の話し手がアイヌ語を異言語であると感じるのは、主語の扱いの場面ではないだろうか。アイヌ語は、主語（行なう人や感じる人）と所有者（だれの持ち物か、だれの言ったことばか）を、文法に則って必ずはっきりさせた上で、動詞や名詞を用いて言い分ける。これはある意味で意外なことである。なぜなら、アイヌの社会は、対面で実時間に進行していく会話が意思疎通の基本であって、主語や所有者をはっきり言わなくても、意味の取り違えや感情的な誤解は生じにくかったはずである。主語が大切であるというのは、Ⅱで述べたように、思いや記憶がその個人に属していて交換できない重要なものであるからこそ生まれた語法であると考えられる。

2　語彙数

　アイヌ語には同義語が少ない。ちょっとしたニュアンスの違いごとに語彙を増していった言語は、その増加を記録して保ちうる有文字言語である。古代のラテン語であれ、現代日本語であれ、もし同義語を、基本となる一語に集約するなら、アイヌ語の基本語ないし常用語と似たような語彙群に納められるであろう。

　現在、アイヌ語の見出し語に用例と日本語または英語で語義を示した辞書が5種類ほど手にはいる。いずれもアイヌ語を文字表記するようになった20世紀以降の出版物であり、見出し語の数は1万語ほどである。1万語という数は、アイヌのコタン（集落）のおとなやこども

が、文字記録に頼らずに記憶して共有してきた上限の数なのだろう。実際に一人の話し手によって使われた単語の数は、数千語程度であろうといわれている。それにしてもその記憶力に驚かされる。広辞苑の見出し語が約24万語だといっても、これは文字記録である。

3　文法

　ひとの記憶力には限りがある。縄文語を用いた人々は、語彙数を記憶可能な数に制限して、しかも、その語彙の範囲で多彩な表現ができるような表現方法（文法）を整えていった。そして、その文法が正確に継承されるための仕組みと意思とを共有した。

　日本語では、新しい概念に対しては新しい音配列による新しいことばを創出する。既存の語による複合語でなければ、その語義はすぐにはわからない。アイヌ語では、既存の語を用いて、新しい概念を説明する複合語を作る。動詞を中心にして他の品詞のことばを接頭または接尾するのがこの作り方の決まりである。たとえば、日本語の「おかわり」は、アイヌ語ではイタンキ（お椀）とコ（互いに）とホシプ（もどる）とイ（こと）とをつなげて、イタンキコホシピ（お椀が行ったり来たりすること）という。必需品（無いと困るもの、アエラメコテプ）は、ア・エ・ラム・エ・コテ・プ（私・それにより・〜の心・自分・〜に〜をつなぐ・もの）（私が自分の心をつなぐもの）という。『古事記』の神名など古い日本語の複合名詞の中には、このような方法で作られたものがたくさんある。たとえば、天照大神はアマテラスオオミカミと呼び習わされているが、天において（副詞）照り輝いておられる（動詞・敬称）偉大な（形容詞）神様（名詞・敬称）というようにしてひとつの神名を作っているのであり、後の日本語の名詞の作り方ではない。これは、縄文

語を取り込んで弥生語ができていったときの名残なのかもしれない。

アイヌ語には日本語の「てにをは」のように、主語や目的語につける助詞は無いが、動詞は自動詞と他動詞をはっきりさせ、主語の人称を明示する。名詞は単なる概念であるか、誰かに所属するものであるかを区別して、ことばの形や並べ方を決めてある。語調、アクセントにも決まりがある。このように明快な文法をアイヌ語は縄文語から継承していると考えられる。

4　対面会話

主語をはっきりさせることと、少ない語彙でも臨機応変に多彩な表現ができる文法とによって、アイヌ語の話し手は価値観を共有し、誤解の無い社会生活を営んでくることができた。そこにはもう一つ重要な理由があった。それが対面会話である。対面会話ならではの、意思疎通の一つを見てみよう。

アイヌ語には色を区別する色名が四つしかない。白（レタラ）、黒（クンネ）、赤（フレ）、青（シューニン）だけである。日本の『古事記』や『風土記』のような古い書物でも、現れる色名はこの四色で、やや遅れて黄が登場する。アイヌの人々が色彩に無頓着であるわけでも、区別できないわけでもない。彩りを話題にしたい時には、これらの色名を使わずに、その色を説明するのである。たとえば、若草色であればシューニンではなく、「生の草の色合いである」といい、茶色であればフレではなく、「ハンノキの汁の色合いである」などという。対面会話であれば、指し示すだけでこと足りる。今日の日本では、千を超える色名があって、正確にその色合いを再現することができるが、基本の三原色（赤・黄・青または赤・緑・青）と黒との混合比が違うだけで、そ

れぞれの割合を数値に定めて特定しているのである。作曲家や演奏家だけでなく、今日でも多くの人にそなわっている絶対音感にたとえれば、縄文人や古代日本人やアイヌの人々には、絶対色感とでもいえるものがどの人にもあって、現代人が機械で測定して数字で表すのと同じように、各人の脳神経が色の周波数を正確に認識して、分かり合っていたのかもしれない。

5　雅語による口頭伝承の意義

　アイヌの口頭伝承であるカムィ・ユカㇻのことば（雅語）は、日常会話のことば（口語）とは語彙や文法の面で違うところがある。話し手も聞き手もわかっていることば使いであるが、ふだんの暮らしの中では用いない。この雅語は、カムィ・ユカㇻなどを謡う時だけに用いられ、伝承者がその通りに伝えてきているので、時代が進んでもあまり変化しない。このような雅語によるカムィ・ユカㇻの伝承こそ、文字を用いずにアイヌ語の語彙と文法とが今日までコタンのすべての人に正しく受け継がれることを可能にしてきた。

　どの時代のどの言語によらず、日常語は、風俗の変化、文化文明の変化、価値観の変化にともなって、たやすく変化する。アイヌ文化において、容易に変えてはならない慣習や価値観の継承が、意図的になされたどうかはわからない。しかし、雅語の形式を用いて、適当な分量の、変わらないアイヌ語によって、それらの知識がコタンのだれにも受け入れられ、共有されてきたことは事実である。カムィ・ユカㇻの口頭伝承が、伝承者の感性と関心の置きどころと記憶力に左右される部分があるにせよ、伝承者が故意にその内容の本筋を変えるということは無かったという。

カムィ・ユカㇻでは、対句や常套句や慣用表現がふんだんに使われる。聞き手は、物語の展開と常套句と自分の興味とを一致させて満足する。ひいきの歌舞伎役者の名場面を期待する観客に似ていようか。場面ごとの常套句は、空想や連想のばらつきを取り除き、知識として一致させる役割を果たす。また「サケヘ」と称する、カムィ・ユカㇻ一篇ごとの独特のはやしことばのような句が、繰り返しはさみこまれる。話の筋にだけ関心があるのなら、サケヘはわずらわしいかもしれない。しかし、サケヘの挿入は、謡い手（話し手）にとっては、次のことばを発するための時間的準備であり、聞き手にとっては、ことばを聞き逃したり意味を取り違えたりしないための、時間的余裕がもてる巧妙な方法となっている。

　カムィ・ユカㇻには、一つの話の句数が千句以上のものもあるが、100句から500句ほどのものが多い。この分量であるなら、紙や音や映像によって記憶を助けられている現代日本人も暗誦できる。文字を受け入れなかったアイヌの人々に、アイヌ語の語彙と文法とが確実に継承されてきたのは、雅語によるカムィ・ユカㇻが、対句と常套句と言い換えと慣用表現、そしてサケヘの作る間合いとで謡われて、コタンのすべての老若男女がそれを理解して楽しみつつ受け入れてきたからだと思われる。

6　文化の共有

　縄文人とその子孫の人々が、記憶力だけで互いに意思疎通できたのは、単に、少ない語彙を有効に用いる文法を整えたからだけではない。ことばのやりとりにおいて、語義の理解に食い違いが無かったからである。語義の理解が食い違わないためには、五感と価値観を共有

することが必要であるが、加えて文化の共有が欠かせない。それは、コタンというあまり大きくない集落による暮らしの中でこそ可能だった。

アイヌ語に「チノミシリ」ということばがある。単語帳的な日本語訳では、「霊場」とか「神山」になる。この訳語を見て、熊野詣や白山を連想したとしても、それでは「チノミシリ」の理解にはならない。このことばは、チ（我ら）・ノミ（祀る）・シリ（ところ）のように分解でき、いくらか実態に近い翻訳になるが、まだ不十分である。アイヌの人々、同じコタンの人々であれば、この一語が指している具体的な山がどの山であるのかと、コタンの人々がその山に向かって何を思い、いつ何をどのようになすべきかという祭りの手順まで、なにもかも了解できることばであるのだが、おおかたの日本人の理解のためには、1篇の論文が必要だろう。異なる言語を翻訳する場合、文化の理解なしに単語を言い換えるだけでは、元のことばの話し手の心を伝えることはできない。ことに、アイヌの人々は自然とのかかわりが密であったから、自然の事物への感性が、現代日本人とは違っていた。そのアイヌのカムィ・ユカラを日本語に移す時には、アイヌの人々と同じような、動植物や地質や地勢への理解が求められる。

7　継承のための場

文字を使わず、書物も無かったアイヌ語が途絶えずに、大きな変化も無く継承され続けたと思われるのは、ことばを伝承するいくつもの方法と場とがあったからである。

アイヌのコタンは、日本語で「村」とか「集落」といわれるが、現代日本人が思い浮かべる村とはかなりちがっている。規模の小さな集

落を想像するだけでは、その構成の実態まではわからない。20世紀の初めまでは、ひとつのコタンは、男子の直系とその傍系とによって構成されていた。配偶者には、そのつど異なる系列の女子が迎えられた。ひとつのコタンは大きくても30戸程度であって、よそのコタンからの編入は、かなり困難であったと伝えられている。たとえばカムィ・ユカㇻには、正体不明の者や異形の者が、当初はアイヌのやり方に従って受け入れてもらって、やがて追放される話がいくつかある。また、アイヌコタンの規模の人間集団においては、顔の見える関係が成り立つ。ものごとを、すべて合議の上で行なうことができるし、そのコタンのことばや文化を共有しかつ継承していくことが可能であった。

　コタンの日常生活では、フチ（おばあさん）やエカシ（おじいさん）が仕事をしながら、コタンの決まりや慣習、善悪の基準、身に着けておくべき知識や技能のことを織り込んだカムィ・ユカㇻを若い世代に謡い聞かせた。

　夜の炉辺では、とりわけすぐれた伝承者の口演を、コタンの皆が聞いて楽しみ、聞き手の中から新たな伝承者が育っていった。

　アイヌ語はこのようにコタンのくらしに密着して継承されてきた。

8　地名

　アイヌの人々は、大地に地名を与えるという方法によっても、文化とアイヌ語とを継承してきた。これは、カムィ・ユカㇻの伝承のような、同じコタンの人々が時と場所を共にしつつことばをものにする、というのとは違う方法である。

　アイヌの人々が、広い北の大地（現在の日本の総面積の約22％を占める）をかけめぐるときに、非常に大切にしていた知識のひとつが地名で

あった。地名は、どこにどんな川や崖があり、どの道が次の場所への安全な通路か、どこにどんな動植物があって、何を警戒したり利用したりすべきか、自分の心覚えにしたり、ほかの人に知らせたりするためにつけられた。その方法は、山、川、峠、崖、滝、海、谷、沢、その他の地形を、特徴や利用の仕方を説明することばを付してその土地の名前にするというものである。結果として、似た様な地形には、同じ名前がつけられる。アイカプ（できない、届かない、通れない）、エサシ（岬）、オンネトー（大沼）、その他、北海道に同じ地名がいくらでもあるのはそのためである。これらの地名のつけ方は、アイヌ語の文法どおりであったので、どこのコタンのアイヌであっても、方言にはかかわりなく理解し、その説明を了解し、利用できた。地名は、その土地を通る人がいて利用する人がいるかぎり、廃れずに使われ続けた。

　地名には、地形の特徴のほかに、自然の脅威や災害に対する注意・警告を喚起するためにつけられたものも多い。そこはどんな経緯でそのような地形になっているのか。何に注意すべきか。そこでひとは何をするのか。季節ごとにどのような営みがあるのか。このようなことが地名の形で述べられているので、地名がつけられた当時の自然環境と人々の暮らしをも知ることができる。アイヌ語の地名には、名づけたひとの心がこめられていて、音や字面を楽しむといった現代日本語風の名づけ方はされていない。時空を超えた他者への語りかけともいえる。たとえば、カムイエクウチカウシ山。本州の登山者が「カムエク」などと略称する日高山脈のこの山では、ヒグマによる遭難事故がくり返される。アイヌの人々は、「いつもヒグマがやって来てその崖を越えるところ」という長々しい名前をつけて、ヒグマの出没と急峻な頂上付近の地形への注意を促していたのである。

アイヌは、北の大地に限らず、生活する土地には自分たちのことばで地名をつけて用いた。本州以南にもこのようなアイヌ語の地名があったが、居住地の縮小と共に使われなくなり、日本語地名に取って代わられていった。それでも明治政府がアイヌ語地名を廃して漢字による新地名にするまでは、北海道には6千数百のアイヌ語地名があった。身近な地域的なものを含めれば、明治初期の道内全域には4万8千ほどのアイヌ語地名があったはずだともされている。そのときに変更されなかった東北地方には、現在でもいくらかのアイヌ語地名が残っている。アイヌの人々の大地への深い関心と、方言の違いをものともせずに、同じ価値観で広い北の大地を共有していた人々の姿とを、伝えられたアイヌ語の地名で知ることができる。

　アイヌ語地名の改変がどんなにいい加減になされたか。そのことに目を向けずにはいられない事態があったのは、2018年9月に北海道胆振地方を襲った大地震である。

　胆振の安平。どこもかしこも斜面がくずれた山の映像が、ニュースで全国に流された。ここはアイヌ語でアラ（全部、あたり一面）・ピラ（山崩れでできた崖）といった。おそらく、火山灰土の山では、過去にも今回のような大規模の山崩れが幾度となくあって、仲間たちに注意を促すために名づけた地名だったのだろう。アラ・ピラをアピラ、さらにアビラと読み替えていって、漢字の安平を当てるという、典型的な改変のやり方であるが、これによってアイヌの人々の知恵は忘れ去られた。

　胆振の早来。やはりこの地震で知られた地名であるが、この地名の改変方法も、もうひとつの典型である。アイヌはここを夏だけ利用する通り道にしていた。サク（夏）・ル（道）という。日本の役人は、サ

ク・ルをサ・クルと読み替えて、早（さ）来（くる）という漢字をあて
て、さらに、「はや・きた」と読むように決めたのである。

　もうひとつ。富良野といえば、現在は名の知れた観光地である。こ
こは、かつて硫黄山と呼ばれていた十勝岳の裾野で、アイヌ語で「フ
ラヌイ」、フラ（におい）・ヌ（を感じる）・イ（ところ）といった。十勝岳
からの硫化物のために「臭いところ」だから、硫化水素ガスに気をつ
けるようにという意味が込められていた。命名に字面や響きの良し悪
しを気にするという現代日本人の感覚によって、このような漢字が当
てられた。

　明治以来の役人は、アイヌが大切に伝えてきた文化とことばをこの
ようにもてあそんだ。

Ⅳ　カムィ・ユカㇻ

　本稿は、現在に伝わるカムィ・ユカㇻの中に、「縄文の心」の痕跡を
たずねてみようとするものであるので、まず、カムィ・ユカㇻについ
て、若干の知識を共有しておきたい。

Ⅳ－1　カムィ・ユカㇻとはどのようなものか
　＊1　アイヌの言語文化のうちの一つで、主人公が自らの経験や見
聞や身の上を謡うように語っていく一種の物語である。この物語を口
頭で伝えることによって、アイヌの人々はアイヌ語を継承し、人間を
とりまく世界の事物や事象の一つ一つ（カムィ）について知識を共有
し、理解して向き合うための価値観や倫理観を形成してきた。現代の
文学研究においては、のちのユカㇻ（ユーカラ、英雄詞曲）に成熟する途
上にあるもの、と位置づけられている。
　＊2　カムィ・ユカㇻの話題や内容はさまざまである。文学が取り扱
うテーマと変わらない。サケヘという一定の短い決まり文句をさしは
さみながら謡う。話の内容とその語り口とを、語り手と聞き手とが共
有して伝承していく。
　＊3　謡い（語り）には、語彙や文法が日常語とは異なる雅語が用い
られ、韻律を整えて調子よく謡われる。
　＊4　物語のつくりには型がある。多くは、「○○のカムィ」という
主人公が、自らの身に起こったことや起したことを物語るのだが、平

穏で変わりのない日々の暮らしに突然事件が起こって、やがて元通り
の暮らしにもどる、というものである。しめくくりにアイヌ文化の価
値観に則った教訓をたれることがあるが、その部分は語り手（伝承者）
が代弁する形で一篇を結ぶ。

Ⅳ-2　カムィ・ユカラの主人公

　カムィ・ユカラの主人公には、カムィ、アィヌラックル、アィヌの3
種類がある。

1　カムィ（人間以外のすべての事物と事象の一つ一つ）

　アイヌの人々は、自然界のすべての事物に、具体的な姿と固有のた
ましいや意思の存在を認める。「カムィ」は多くの場合神（かみ）と訳
されているが、カムィは一神教の神とは違う。「神」という訳語表記に
つきまとう「全知全能」「畏れ多い」「超人的」「救い」などの「あがめ
る対象」ではない。

　カムィ・ユカラの内容から了解される「カムィ」とは、アイヌの人々
が「在る」と感じていたり、信じていたりする「個々の有形無形の存
在」そのものである。動植物や、雷や風のような自然現象や、病魔や
災害をもたらす原因など、アイヌの人々が「在る」と認識しているも
の一つ一つのことである。

　アィヌ（人間）にとって、祀りの対象としてあがめて頼みにしたいカ
ムィがあれば、親友でありたいカムィもあり、心をかけてやりたいカ
ムィ、はたまたいささかご免こうむりたいカムィもある。現代人には
共通の認識がないために、日本語訳の解説などでは「想像上のもの」
と説明されているカムィもある。カムィ・ユカラのカムィには、多くの

場合、男女の別がある。

　カムィ・ユカゥでは主人公のカムィが、自分の身に起こったことや起こしたことなどを語る。あらゆるものが主人公や脇役のカムィになる。動物。植物。人工の器物。自然の造作物と現象（山、川、海、湖沼、大地、砂浜、岩、石、崖、滝、水、火、波、風、雨、雪、雷、稲光、雲、霧、嵐、津波、山崩れ、噴火、地震その他）。天体やその現象（太陽、月、星、流れ星、虹、日の出、日の入り、昼、夜、食現象その他）。その他病気、旱魃、飢饉など。

　カムィには意思と「ラマッ」とがある。ラマッは、生物なら命、その他の物なら現象や機能のようなもので、魂（たましい）と訳されるが、日本文化の中には、ぴったりした同じ概念がない。カムィが死ぬと、ラマッは身体から遊離したリィ・ラマッ（死んだ魂）になるが、無くなることはない。それぞれのカムィはその属性や、姿や、身なりや、立ち居振る舞いや、特技や際立った能力などが、かなり詳しく説明される。各地のアイヌの人々は、身の回りの自然や日々の暮らしの中で自ら見聞したことや経験したことに加えて、カムィ・ユカゥを聞いて得た知識や連想によって、それぞれのカムィの像を共有する。カムィの像が共有されている間は、そのカムィ・ユカゥは人々に受け入れられて、廃れずに伝えられていく。伝えられるカムィには、実際のモデルがあったと思われるものも多い。

　カムィの中に人間は含まれない。またイヌは動物であるが、オオカミやキツネと違って、北海道のカムィ・ユカゥに主人公のカムィとして登場することが無いようである。アィヌ（人間）にとってイヌは、人間以外のカムィというよりは人間並みの扱いなのである。一枚一枚の木の葉や、一匹のシカや一尾のサケを主人公のカムィとするカムィ・ユ

カゥラも、この資料の中にはなかった。「カムィ」は、適切な日本語訳が今も無い。当分の間、カムィ・ユカゥラの主人公は、○○のカムィと呼ぶことにする。

本稿では、アイヌ民族を指す時には、その日本語を「アイヌ」と片仮名表記し、生物としての人間を指すアイヌ語は、その発音に近い「アィヌ」と表記している。小文字のィは、「介護」などを発音する時の「い」の音である（他の半母音も小文字で表記している）。大文字のイは、「買い手」などの場合の「い」音である。ア行以外の行の小文字は、母音を発音しない。

2　アィヌラックル（人間・の臭いがする・者）

オキクルミとかアエオィナカムィともいう。アイヌ語で人間っぽいものという意味のこの主人公は、カムィである。そして、アィヌ（人間）の始祖とされる。アィヌ（人間）と同じ喜怒哀楽を示して、人間として振る舞うことがあり、生い立ちと姿や身なりとがだいたい決まっている。主人公ではなく、相方や脇役としても、頻繁に登場する。

3　アィヌ（人間）

人間はカムィではないが、叙述がカムィ・ユカゥラの形式をそなえているために、主人公が人間の少年や女性やオオカミと交流できる男であるような話が、わずかながらカムィ・ユカゥラとして扱われている。

Ⅳ-3　主人公の相方、または脇役

相方や脇役には、そのときの主人公以外のすべてのカムィがなれる。たとえばパヨカカムィ（痘瘡をはやらせるカムィ）などでも、相方や脇役

になっている。あるカムィ・ユカラの主人公になっているカムィが、別のカムィ・ユカラでは相方や脇役として登場し、立場が逆転することもある。

Ⅳ-4　小道具・背景・舞台装置

　カムィ・ユカラでは、主人公にも脇役にもならなかった生き物や器物や現象が、物語を支えて物語を完成させる。これら小道具や背景や舞台装置に当たるものは、主として器物のカムィや自然現象のカムィがたずさわる。

　小道具や舞台装置は、図らずも、そのカムィ・ユカラがいつごろから伝えられているものなのかとか、当時のくらしかたの習慣なども知らせてくれる。たとえば、コソンテという上等の衣装は、交易で日本のコソデ（小袖）を手に入れるようになってからのものであろうし、アワンキ（扇）も同様である。ホヤィケニという木っ端もときどき出てくるが、これはかつて日本で「ちゅうぎ」と呼んで使用していたものと同形のもので、今のちりかみ（落とし紙）に相当する日用品である。交易を通じて伝えられたものかもしれない。

　このように、カムィ・ユカラではすべての事物・事象が扱われるので、カムィ・ユカラの伝承は、アイヌの人々が世の中についての知識を再現して互いに確認するための、またとない機会であり方法となってきた。文字を使用せずに、文化を共有して継承していくことにおいて、時代が移っても変化しにくい雅語の語彙と文法とが用いられてきたことは重要である。

Ⅳ-5 サケヘ

　カムィ・ユカラは、サケヘという数句からなる繰り返しのことばが
挿入されつつ謡われる形式の、一群の口頭伝承である。日本の「枕詞」
の場合と同じように、今日、その意味がわからないサケヘが多いが、
主人公の声や行動を表しているものもある。サケヘの存在と意義とに
ついては、カムィ・ユカラが古くは祭儀において、所作にともなって
歌唱されたものと考えることによって、理解できるとされている。

Ⅳ-6　カムィ・ユカラの話題と構成（事件の発端、展開、結末、教訓）

　カムィ・ユカラにはたくさんの話題がある。アイヌ語でウパシクマ
という一群の話があって、先祖から代々伝えられる教えなどを内容と
する人間社会の話であるが、カムィ・ユカラの主人公や脇役のカムィ
を人間に置き換えれば、このウパシクマのような人間社会の出来事と
すこしも変わらない内容である場合が多い。研究上、人情話、いくさ
物、なぞや素性の解き明かし、禁忌や教訓などに話の内容を類別する
こともある。主人公や脇役のとびぬけた性格や能力を表すために、そ
のような特徴を持つ人間以外のけものや鳥や虫や魚などに、カムィの
役を託しているとも言えるものが多い。天変地異の威力を表すため
に、巨大な蛇や巨大な魚が登場する。シャチやクマのように大きくて
強いものだけでなく、昆虫や小鳥のような力の弱いものでも、感覚や
飛ぶ能力にすぐれたものが主人公になったりする。それらのカムィの
生態や行動様式の説明は、非常に詳しい。これは、アイヌの人々が自
然界に存在するものをよく観察して、それぞれの性格をありのままに
受け入れていることの現われであると思われる。主人公であれ、脇役
であれ、小道具であれ、聞き手はその役柄に納得して、話の筋にひき

こまれていく。どんなカムィが登場しても、そのカムィについて、話し手と聞き手との理解に食い違いが無い。このことは大切である。

　カムィ・ユカ ラの構成（話の運び）は、どれもだいたい似ている。主人公は男女とも、男は彫り物女は刺繍、といういつも変わりないそれぞれの手仕事をして暮らしている。ある日、いつもと違うことが起こる。これが事件のきっかけであり、話が始まる。話題である事件の中身はカムィ・ユカ ラごとに異なる。結末は、事件前と同じ平穏な暮らしに戻る場合、主人公がカムィの格を以前より高める場合、主人公が惨めな死に方をしてあの世でも惨めに暮らすことになる場合。三つ目の場合、主人公が反省して眷属に教訓をたれるその口上は、語り手（伝承者）が代弁する形をとる。短いカムィ・ユカ ラの多くは、物語部分（事件など）あるいは教訓部分だけが伝わったもののようである。

Ⅳ-7　カムィ・ユカ ラの話題と主題

　カムィ・ユカ ラは一種の語り物である。祈祷や詩歌や呪文や挨拶などとは違って、話に筋がある。基本は同じ内容の話であっても、丸暗記の言い伝えではないし、語り手の関心の置き所や、話術や、記憶力や、語るときの気分が違うので、伝承者ごとに、語られるたびに、一篇の長さや話そのものの印象がかなり違ってくる。

　本稿で用いる資料のカムィ・ユカ ラ123編の話題を整理すると、ある特徴が見える。それは、悪者が罰せられる話が飛びぬけて多いということと、自然に立ち向かったり改変したりする話が見当たらないということである。罪や罰の話題が主題ではないもの（A組）が全体の約3分の2、罪の種類と罰の大きさの話題（B組）が全体の約3分の1を占める。

また、何を伝えることが目的なのか、何が主題なのかという点から見ると、話題そのもの、話の筋そのものを伝えることが目的であるものと、話題に含まれているアイヌの倫理観や価値観が主題であり、それを伝えることが目的であるように思われるものとがある。B組のものは、悪の種類や大小によって罰の軽重が区別でき、アイヌの人々の罪意識を知ることができる。

　「ありのままを受け入れる」と「変えない」という「縄文の心」の伝わり方の有無については、次のⅤで検討する。もうひとつ大きな特徴は、戦いの描写が多いことで、全体の約4分の1を占める。この点については、Ⅵで述べる。

　以下の作業の便宜のために、資料123編を次のようにAとBに分類しておく。（久保寺論文では、123編のうちさまざまなカムィが主人公である106編をカムィ・ユカラ、アイヌラックルが主人公である17編をオイナとして区分している。KY－はカムィ・ユカラ、O－はオイナ）

A1　起源、来歴、出自などにまつわる話。正体のわからないものの本来の姿を知って、その存在理由を明らかにしたいという動機から発生したと思われる。（KY－33、34、35、82、83、84、85、98、100、101、O－13、14）（12編）

A2　イヨマンテ、その他コタンの行事やしきたりの意味や形を教え、人々の倫理観が表されているもの。（KY－6、7、8、9、13、16、19、20、32）（9編）

A3　主人公が感謝されて格が上がる話。（KY－12、31、46、47、49、50、55、56、57、58、73、74、75、79、81、O－2）（16編）

A4　善行や善心へのねぎらい。（KY－40、43、69、70、71）（5編）

A5　失敗談や自慢話など。(KY－2、3、24、26、30、45)(6編)

A6　真情吐露。(KY－95、96、97)(3編)

A7　主人公の身の上話、見聞、経験、夢の話。(KY－17、18、44、48、54、66、86、87、88、89、90、91、92、93、94、99、105、106、O－1、3、4、5、6、10、11、12、15)(27編)

B1　二度とこの世に戻ることのできないところに追放される。(KY－27、38、39、51、59、60、61、63、72、78、80、104、O－7、8、16)(15編)

B2　追放されたり死んだりしてもこの世に戻れることがある。(KY－10、25、36、102)(4編)

B3　化生させられて、追放先で生きる。(KY－21、52、64)(3編)

B4　格を下げられ、この世で惨めに生きる。(KY－14、15、42、65、68、76)(6編)

B5　反省して謝罪のつぐない品を出して許される。(KY－1)(1編)

B6　殺された、死んだ、逃げたなどで終わって、その後が不明。KY－4、5、11、22、23、28、29、37、41、53、62、67、77、103、O－9、17)(16編)

　カムィ・ユカㇻに見られる罰し方には、アイヌの人々の考えが強く表れている。それは、戦いの敗者（悪者）といえども、国造りのカムィが作ったものであるから、このカムィ以外のものの手で無に帰すことはできず、悪者であると人々が判断すれば、罰として、カムィから与えられた姿や使命を奪って、別の生き方をさせることが大きな懲らしめになるという考えである。

Ⅳ-8 巧みな伝え方

　カムィ・ユカラが長く伝わってきたのには、それなりによくできた
伝え方があったからであろう。

＊1　話がおもしろい。
＊2　なじみ深い言葉づかい。カムィ・ユカラは、実際には日常語
　　　ではなく、語彙や文法が少しちがう雅語ということばで、調子
　　　よく謡うように語られた。現代日本人が、日常は使わない「歴史
　　　小説」や「時代劇」の中のことばを理解して楽しんでいるのと同
　　　じように、カムィ・ユカラによって伝えられている雅語のことば
　　　や言い回しは、聞き手に理解できた。これらは、物語への期待
　　　をかきたてる道具立ての役割を果たしてきたことだろう。
＊3　サケへの挿入。サケへという決まり文句による間合いの挿入
　　　がたくさんあることによって、聞き手には聞き逃しがなくなる
　　　し、話の続きへの期待が生まれた。話し手は、次の句を準備す
　　　る時間の余裕が持てた。
＊4　くり返し。カムィ・ユカラの中には、同じカムィ・ユカラの中
　　　であっても、別のカムィ・ユカラの中であっても、驚くほど同じ
　　　ことばや同じ句のくり返しがある。くり返される句にはいくつ
　　　かの型があって、新しいことばに出会うことはあまり多くない。
＊5　語彙数を増やす方法。句のくり返しや、同義語または反意語
　　　をならべた対句によって、語彙や言い回しが倍増した。
＊6　慣用句の多用。慣用句は、カムィの性格や行動を説明するも
　　　のが多く、どのカムィ・ユカラでも同じ慣用句が用いられたの
　　　で、聞き手はいつも同じカムィの登場を期待できたし、その通

りの筋の運びに満足した。

*7　教訓。カムィ・ユカㇻの結末の教訓は、コタンの人々の日常
　　生活での倫理観に照らして納得のいくものであったので、素直
　　に受け入れられて伝承された。

*8　真情の吐露。子守歌のようでもあり、独り言のようでもある
　　形式で語り継がれているカムィ・ユカㇻがあるが、口にせずには
　　いられないような真情を伝えることに重きを置いた話の伝え方
　　として、功を奏してきたものと思われる。

V　カムィ・ユカㇻの中の「縄文の心」

　「あらゆるものをありのまま受け入れる」、「変えない」、そして「存在するものはすべて対等」という「縄文の心」は、数多のカムィ・ユカㇻによって伝えられている。

　口頭で伝えられてきたカムィ・ユカㇻは、消滅を免れて現在に至ったものが、アイヌの人々と日本のアイヌ文化研究者とによって記録されるようになった。この百年ほどの間に、アイヌ語学が確立し、辞典類が出版され、カムィ・ユカㇻを含む口頭伝承の数々が、文学研究の対象として、ローマ字や仮名による記録、音声や映像の資料、翻訳書、研究論文になり、誰もがアイヌの人々の言語やその文化を理解する入り口に立てるようになってきている。

　カムィ・ユカㇻは、研究の分野では、文学の口承文芸の部門に分類されて論じられてきた。多くは、話の内容や話題の語り口に視点が集中する。たとえば、話の内容から、アイヌの人々の情の深さや、暮らしやしきたりが汲み取れること、それらの表現が巧みであること、雅語による語り物としての様式が整っていることなどが評価される一方、話の筋の運びなどがユカㇻ（ユーカラ、英雄詞曲）よりも単純・稚拙で、いわゆる文学への一歩手前と言われる。カムィ・ユカㇻは、アイヌの人々の生活の中での娯楽のひとつともとらえられる。このようなカムィ・ユカㇻの研究においては、あらゆる有形無形のものを○○のカムィと名づけて主人公にしていることや、カムィたちが空を飛んだ

り地底に潜ったりすることや、クモ（昆虫）とフクロウ（鳥）とが夫婦であったりするたぐいのことは、荒唐無稽な、いわばおとぎ話の一種のようなものとして片付けられてきた。加えて、現代人の価値観や心性に合わなかったり、知識不足によって理解できなかったりしたことばや場面は、空想の産物とみなされてきた。古代人の神観念や他界観を考察する際に、比較の対象として取り上げられることはあっても、それ以上深く言及されることは無かったといえる。

　アイヌの人々は、何のために、世代を越えてカムィ・ユカㇻを語り伝えてきたのか。話題や話術を楽しむため、共同体の中での知識や倫理観を共有するため、和人との交易における理不尽な被害を嘆くため、それらすべてを次世代に伝えるため、などと説明されるのであるが、このような見方だけではとらえ切れていない理由がたくさんある。そのひとつが、アイヌ語の確実な継承のため、ということである。

　アイヌの言語文化は、「縄文の心」に基づいて、続縄文人やアイヌの人々が、積極的に選択した無文字の言語文化である。アイヌの人々が価値観を共有したり、時を隔ててそれらを継承したりするための手段は、口頭伝承による。カムィ・ユカㇻは、「縄文の心」を保ちつつアイヌ社会に形成されていく価値観を伝え続けるものであると同時に、周辺地域の言語に取り込まれずにアイヌ語を守っていくための、理にかなった方法として存続してきたにちがいない。

　このⅤでは、カムィ・ユカㇻに「縄文の心」がどのような形で受け継がれているのか、いくつかの例で具体的に見ていく。その際、自然物や自然現象のとらえ方とその叙述の仕方、および説話に託した主題が何であるかに注意を払いたい。これは、カムィ・ユカㇻをおとぎ話のように扱わないために必要である。

また、資料123編の2割強が戦いの話であるが、この中には、多く
を所有することや人の上に立つことを欲する「弥生の心」による戦い
の兆しが表れ始めた、と思われるカムィ・ユカラもあるので、次のⅥ
ではカムィ・ユカラの戦いについて考えてみる。

　とりあげるカムィ・ユカラは、先人の研究書のひとつである『アイ
ヌ叙事詩　神謡・聖伝の研究』（久保寺逸彦博士論文）のうち、アイヌ語
の原文があるもの123編によった。この資料に収録された全124篇の
カムィ・ユカラの大部分は、この研究者が戦前の1930年代に、アイヌ
コタンの年配者に語って（謡って）もらったものの中から、自らの視点
によって選んで編集したものである。アイヌの口頭伝承による言語文
化全般にわたる研究論文に続けて、カムィ・ユカラのアイヌ語をロー
マ字表記し、それらに日本語の対訳をつけ、詳細な解説を付してあ
る。7人の伝承者の姓名、性別、採録地域、採録年代などが明示され
ていて、個々の伝承者の伝え方への心構えや、自分が伝える説話の選
択、内容の理解、関心の置き所、技量などの違いがはっきりわかる。

Ⅴ－1　縄文の心—その1：ありのまま

　存在する有形無形のすべてのものをカムィと称し、天から与えられ
た姿や使命は、どのカムィのものであっても、たとえば魔物のもので
あっても、対等な存在であるとして、あるがままに受け入れるという
心。カムィ・ユカラは、主人公のカムィが、自分は何者であるのかを
名乗って話が始まることが多い。オキクルミ（アィヌラックル）を主人
公とする17編のオィナ以外の106編のカムィ・ユカラでは、そのうち
60編の主人公の出自または素性がわかり、さらにそのうち15編の主人
公は、自らの使命を自負している。

Ⅴ－1－1　使命の自覚と自負

　それぞれのカムィ（この世に存在するものすべて）は、天界から使命を託されて人間界に降りてくる。その使命が何であれ、当初の立場や能力を与えられたとおりに全うすべきであると、どのカムィも自覚し自負し、だれもがそれを受け入れる。

Ⅴ－1－1－a

KY－1：火の女神（カムィ・フチ）が自分のことを謡い聞かせる

　行数：336行

　伝承者：平賀エテノア（女）

　採集地：日高国沙流郡新平賀村

　採集時：昭和7年（1932年）9月6日

　サケヘ：アペメルコヤンコヤン、マタテヤテンナ

物語のあらすじ：

1）私（この時点で素性は明らかでない）は、いつもどおり手仕事（刺繍）に専念している。

2）夫（どのようなカムィかは明らかでない）が、ホヤィケニという木っ端の上等品をいくつも手にして、用を足しに戸外へ出て行く。

3）いつまでも戻らないので、私は不審に思って針占いをする。

4）夫が水の女神の屋敷にいることがわかる。

5）私は、水の女神との一騎打ちに臨むための身支度を整えて、その居宅まで飛んで行く。

6）夫がそこにいるのを確かめてから、私は水の女神に向かって、術くらべの戦いを宣言する。

7）私は戦いの手段である扇を取り出す。扇の片面には灼熱の陽光

のイメージ、もう一面には紅蓮の炎のイメージが表されている。ここで初めて、私が火の女神であることが示唆される。

8）水の女神も扇で応戦する。扇の片面には凍雲のイメージ、もう一面には驟雨のイメージが表されている。

9）囲炉裏をはさんで火と水、熱と氷の戦いが繰り広げられ、虹が発生したり、炎が燃え移ったりする。

10）着衣まで燃やされて、水の女神が敗北を認めてわびる。

11）私（火の女神）はアィヌ（人間）の国を守るために遣わされている自分の立場の重さ（格の高さ）を思って自制し、戦いを終了する。帰宅して以前のように針仕事をして過ごす。

12）夫がたくさんのつぐない品と共に帰宅して詫びる。

13）私は黙ってすべてを受け入れ、つぐない品を宝列に加える。

14）私と夫は元通り穏やかな暮らしを続ける。

この1篇には、カムィ・ユカラの構成や話題や主題の特徴が凝縮されている。ひとつひとつ確かめていこう。

①主人公と相方と脇役

このカムィ・ユカラの主人公と相方と脇役はすべてカムィ（人間以外の事物）である。

主人公（私）が火の女神であることは、話の途中でわかる。火の使用や火の崇拝はアイヌ文化の中で特別に重要なこととされ、人々は火を人格化し、頼りになる年配者とみなして尊敬する。炎が上昇したり移って行ったりすることから、人の力の及ばないところへ願いを届けてくれる伝達者のようにも考える。このカムィはいつも家の囲炉裏

の中央真下に鎮座しているが、明るく輝く炎の重なりや揺らぎから、外に現れるときは六重（たくさん）のコソンテ（小袖。上等の衣装）をまとって、よじれた杖をついているとされる。この説明は、どのカムィ・ユカぅに登場する時でもあまり変わらない。火の女神の移動は飛行による。（『古事記』では、火の出現は、天地創生のかなり後であり、これは、水や稲作より火を使用する冶金や作陶のほうが日本列島の文化では後発であるという事実を、述べているといえる。）

　火の女神の相方は水の女神である。水も火と同様に人間世界を守るために遣わされた重いカムィである。水の女神は普段は戸外の祭壇の右端に祀られている。火の女神ほど決まった衣装やいでたちで説明されることはないが、水に関わる事態に際してアィヌ（人間）を見守ってくれる。

　脇役もいる。この話では、発端の事件を起こした夫であるが、脇役であり、最後までどのようなカムィなのかは示されない。ほかのカムィ・ユカぅでは、この夫は家の守護神であるとするものがある。

　このカムィ・ユカぅには、アイヌ文化の二大女神が両方とも登場する。さらに、火の女神の夫までもが脇役ではあるが出てくる。聞き手は、何か大切なことが語られるのではないか、という心の準備をすることだろう。

②小道具

　刺繍。アイヌ文化に詳しくなくても、刺繍を施したアイヌ模様の衣装は、見ただけでアイヌのものであるとわかる。刺繍というのは、数あるアイヌ女性の仕事のなかでも、特別大事な手仕事であると思われている。その刺繍に専念しているということによって、平穏な暮らし

が続いているということが示されている。

銀のホヤィケニ。銀というのは、この場合、上等という意味である。夫であるカムィがそれなりに格の高いカムィだろうと想像できる。ホヤィケニは、近年まで存在した日本の「ちゅうぎ」と同類の薄い木片である。用を足したあとに用いる。ふつうの家庭では、へぎ板や大きな草の葉をしおれさせたものを使った。戸外に出て行ったということから、便所は戸外にあったことがわかる。夫がなかなか帰ってこないことに気づいても、泰然としているということから、この女神の素性はいまだわからないながら、凡庸のカムィではないと聞き手は推測する。

縫い針と針占い。縫い針は鍋と共に、アイヌ女性の大切な持ち物である。夫が作ってくれた針入れをいつも首から提げていたし、亡くなった時にはこれらが副葬品とされた。この針を用いて占いをするというのは、交易を通して知った日本文化の影響かもしれない。

外出時のいでたち。家の中やちょっとそこまでの外出では、男女とも帯を締めずに過ごすことも多かったようであるが、何かの覚悟を決めて出かける時は、だれでもそれなりの身なりを整えた。火の女神は髪の毛を束ねて、帯をきりっと締めた。早く走れる靴と戦いにそなえた手甲を身に着け、術くらべに用いる扇を持った。

黄金のアワンキ（扇）。このカムィ・ユカゥに出てくる扇は、風を起こして涼むための道具ではない。自分が持っている最強の力を外に向かって繰り出すための道具である。ここではじめて、主人公の私が火の女神であることがはっきりする。扇に表されているという灼熱の陽光と紅蓮の炎こそ、火の女神の属性であることは誰もが知っている。

水の女神の黄金のアワンキ。火の女神に術くらべを挑まれた水の女

神も、扇を取り出す。銀でもなく木でもなくやはり黄金である。両女神の立場が戦いの初めには対等であることを示している。水の女神の扇には凍る雲と大雨。ふたつの扇からあおぎだされる太陽と氷、炎と雨。どちらが強いかは、この段階ではまだわからない。

　虹。水の女神の氷雨や驟雨に火の女神の火炎がおそって虹ができる。虹が雨上がりの直前に出ることを知っているアイヌの人々は、水の女神の力が尽き、雨が上がって戦いが終わることを予感する。炎が傍らの衣桁や水の女神の着衣にまで移って、火の女神の勝利が決まる。

　衣桁。アイヌの人々の家屋には間仕切りが無い。必要な間仕切りの役割をするのが衣桁（えもんかけ）であり、女性は刺繍を施した衣装をそこに誇らしげに掛けた。火の女神も水の女神もカムィの国での日常はアィヌ（人間）女性と同じで、刺繍をしては作品を掛けてならべていると人々は考えていた。

　チタラペ（ござ）。夫はたくさんの宝物を莫蓙に包んで持って帰ってきた。

　アフナニペ（入館料）、アシンペ（つぐない品）。わびて家に入れてもらうときに、つぐないの心を示すものとして差し出す宝物。自分の一部分を削って自分の力を弱め、相手に加えてその力を強めることが、自らに課す罰であるとの考えである。

　宝列。宝壇。アイヌの家の東北の角は宝物を置く所定の場所であり、家の守護神が守っているとされる。

　これらの小道具は、聞き手の誰もが知っているアィヌ（人間）世界の日常の暮らしにおける物や現象である。

③舞台

両女神の術くらべは、水の女神の居宅で展開する。そこはアイヌの人々のふつうの暮らしと同じ造り、同じ間取り、同じしつらえである。火の女神の夫はここでも自宅と同じような座を占めて過ごしている。

　このような舞台装置も、聞き手に親近感を持たせたことだろう。このカムィ・ユカㇻは、何もかもが人々の知識の範囲内で語られるので、親しみが持てるものであった。現代人が聞いても、理解できないものが無い。登場するカムィをすべてアィヌ（人間）に置き換えても、このカムィ・ユカㇻはそのまま短編小説として成り立つ。

④サケへ

　このカムィ・ユカㇻは、各句の頭にサケへを付して謡われたという。サケへは二つの部分からなり、後半は語義不詳であるが、前半は現代アイヌ語で、火の粉が舞い上がる舞い上がる、と解釈することができる。主人公が火の女神であることに関連したサケへである。

⑤話題（事件など話の筋の部分）のほかに示されている考えや主題

　このカムィ・ユカㇻは、主人公の身なりも術くらべの場面も小道具も描写が細かく、相方や脇役の様子もはっきりしていて、物語としておもしろい。しかし、カムィ・ユカㇻは、話のおもしろさだけではいずれ消えてしまう。時代が移っても伝えられ続けて、さらに将来も伝えられると思われるものには、アイヌの人々が伝えたい思いが込められている。多くのカムィ・ユカㇻは、話の筋のほかにも注目すべきたくさんのことを伝えて、人々の了解と納得を確かめさせ、共有させている。どのカムィ・ユカㇻにも共通するそれらのものを列挙する。

＊1　話の初め、平穏なカムィの暮らしに事件が起こるが、この時点では、カムィの素性がわからないこともある。カムィ間の優劣、上下などの関係は固定していない。それぞれのカムィ・ユカラの話の展開によって決まるが、その話の中だけに限られた関係であり、別のカムィ・ユカラでは、同じカムィたちが、まったく別の関係や役割で登場する。カムィ・ユカラに登場するカムィは、当初は立場が等しいのである。

＊2　主人公であれ脇役であれ、どのカムィにもそのカムィの属性として自分の姿と意思と独自の力とを天から与えられていて、それぞれが自分の存在意義を自覚している。格が低かったり魔物とみなされたりするカムィであっても、自分はカムィであると自負している。

＊3　格の高いカムィは軽率な行動をとらない。自らの使命や立場をわきまえている格の高いカムィは、行動するにあたって自問自答して自省する。このような場面が、多くのカムィ・ユカラに見られる。

＊1〜＊3は、すべての存在は、善であれ悪であれ天与のものである、という考えの流れに沿った表現と見ることができる。

＊4　事件が起こったとき、当事者であるカムィの行為は善なのか悪なのか、それは判断されなければならない。判断は、カムィの格の高低に基づくのではなく、その時々の行為に基づいてなされる。カムィの格の高低は天命・天与のものであり、行為の善悪とは関係ないという考えである。

＊5　カムィ・ユカㇻでは、正しいものが勝つ。正しいから勝つ。善と悪（正と邪）が戦えば、善（正）が勝利するのが当然であるというのが、アイヌのコタンに形成されてきた倫理観であり、それに基づいて、事件の当事者の戦いが行なわれ、勝敗が判定される。

＊6　戦いは、当事者が一対一で行なう。ほかの者は干渉せず、戦いの当事者のための駒になることがない。カムィ・ユカㇻの戦いの大きな特徴である。

＊7　戦いでは、力くらべや術くらべや知恵くらべや弁舌くらべなど、当事者固有の力をくらべる。

＊8　戦いでは、正しくないほうが敗北するが、敗者は力尽きて死ぬこともあれば、非を認めて詫びて許されることもある。

＊9　非を認めて詫びた敗者は、何らかの形で復活する。また、死ぬことは無に帰すことではなく、別の姿になって、別の世界で、別の生きかたをするようになることである。天与の姿を失うことこそが、悪事に対する最大の懲らしめになると考えられている。

＊10　非を認めた敗者が充分なつぐないをして認められて、元通りの姿や暮らし（元の価値観の世界）に戻ることもあるように、懲らしめには軽重がある。

＊11　敗者は反省して、眷属を諭す。多くのカムィ・ユカㇻはこれを結末とする。

＊4〜＊11は、アイヌのコタンで倫理観が形成されていくときに、善悪の共存を天与のものとして受容し、その状態はむやみに変えてはならないとして対応策がとられてきたことを示すものと考えられる。

＊12　ひとつのカムィ・ユカラでの勝敗の結果は、別のカムィ・ユカラには及ばず、別のカムィ・ユカラでは、カムィはそのつど、天から与えられた当初の姿に帰る。

＊13　アイヌの言語文化において、一篇のカムィ・ユカラの役割は大きい。ことば（語彙、文法、言い回し、慣用句による約束事）、カムィ像、善悪観、暮らしの中でのしきたりや常識、自然についての認識や知識、畏敬や畏怖、歓喜や恐怖の感情などがカムィ・ユカラを介して共有され受け継がれる。

＊14　教訓が結末に述べられていない（＊11がない）場合にも、主題または言外の教訓がある。

　これらのことはどのカムィ・ユカラにも多かれ少なかれ含まれている。人々の予期するとおりに語られると、そのカムィ・ユカラは無理なく受け入れられ、共有され、時を越えて伝えられていく。

　KY－1の火の女神のカムィ・ユカラのあらすじを改めてたどりなおして、具体的に確かめてみよう。

・私（主人公のカムィ）は夫がなかなか戻らないことをいぶかるが、泰然として、憶測では動かない。私は凡庸のカムィではないと自認している。その夫であれば、それなりに格の高いカムィであろうとの想像が聞き手に働く。（＊1、＊2、＊3、＊13）
・私は事実を知るために針占いをする。憶測ではなく事実を知るためである。夫が水の女神の屋敷にいることを突き止める。（＊1、＊2、＊3）

・私は水の女神とカムィ同士の一対一の戦いを挑むために、装束を整えて持ち物を準備する。事態の原因が水の女神にあると判断したので、その女神との一騎打ちに臨むのである。ここの描写は、聞き手が慣れ親しんでいる慣用表現である。聞き手はこの対決を肯定する。（＊4、＊6、＊13）

・両女神は、刀のように誰もが使える一般的な道具（武器）を用いない。どちらも黄金のアワンキ（扇）を用いるのだが、最上級のものを用いる真剣勝負として、それぞれが自分にだけ備わっている力、いわば自分の一部である力によって、術くらべをすることを意味している。これは、道具の良し悪しや使い方の巧拙をくらべる戦いではなく、カムィの存在の正邪自体をくらべる戦いであることを示していて重要である。ここで、私が火の女神であることが判明する。（＊5、＊7）

・火の女神の力は熱であり、水の女神の力は冷気であるが、それらが扇から繰り出される弧をなす炎やにわかに降る冷水として視覚的想像に訴えるかたちで語られる。（＊7）

・傍らにいるはずの夫やほかの家人は、戦いには関与しない。戦いはあくまでも当事者だけのものである。（＊6）

・水の女神は、着衣を燃やされ、だいじな衣装の数々を燃やされ、その劣勢は誰の目にも明らかである。（＊8）

・虹は雨が弱くなって霧状になると現れ、晴れ上がると消える。人々は水の女神の敗北が近いことを予想する。アイヌの人々が自然と共に暮らす中で身につけた知識が、無理なく話に組み込まれている。（＊8）

・水の女神もアィヌ（人間）世界において重要なカムィである。その水

の女神が謝罪する。火の女神はそれを認めて、追い討ちをかけずに戦いを終了させる。(＊2、＊8、＊9)

・火の女神の勝利は予想通りであり、人々の倫理観は守られる。(＊5、＊8)

・帰宅した火の女神がこの戦いを引きずることなく、泰然として以前のように針仕事を続ける姿が、凡庸のカムィではないとの冒頭の説明を証明する。(＊2、＊3、＊14)

・夫がたくさんの宝物を持ち帰って詫びる。アイヌのコタンでのやり方と同じであることに安堵して、人々は夫を許すだろう。すべてを受け入れた火の女神への信望はいっそう厚くなるだろう。(＊1、＊10、＊13)

　このKY－1のカムィ・ユカㇻは、文学研究の分野では、妻または夫を取られたり取り返したりする一群の物語のひとつのように扱われる。しかし、上に見たように、カムィの言動に託したアイヌの人々の考え方がつぎつぎに現れて、それらこそが話の流れを作っていることがわかる。同意して納得しつつ物語の筋を楽しむ。そしてまたほかの人に話し聞かせる。文字を持たなかったアイヌの言語文化において、アイヌのことばと考え方を伝え続けたカムィ・ユカㇻの役割がここにある。「あらゆるものをありのままに受け入れる心」と「変えない心」はこのようにして継承される。KY－1のほかにも、KY－6、25、31、38、51、54、59、60、70、79、80、81、83などのカムィが、天から与えられた使命を表明している。

⑥空想を具象化して、知識を確実に共有すること

　カムィ・ユカㇻでは、抽象的なことや人々にとってなじみのないこ

とを述べる時には、おのおのの勝手な想像に任せるのではなく、実在のありふれたものに例えて、理解を深めたり共有したりさせる工夫が随所に見られる。文字も絵画も持たなかった文化においては、各人の空想や連想は、そのままではほとんど一致しない。たとえば、アイヌ語の「ミントゥチ」は、日本語の「みづち」（水の霊・竜）に由来するとされている。ところが「ミントゥチ」を日本語に訳すと、竜ではなく河童になる。日本人の多くは想像画によって、竜にしろ河童にしろ、そのおおよその像を共有しているが、「ミントゥチ」がカムィ・ユカラに取り入れられた時点ですでに、和人とアイヌの人々との間には、そのような形象の共有はなかったのだと思われる。同じカムィ・ユカラも、そこから受け止めるものや解釈が、話し手聞き手、各人各様になる。

　KY−1のカムィ・ユカラでは、火の女神と水の女神の黄金のアワンキの両面に、それぞれの属性である熱と冷気が、「灼熱の陽光と紅蓮の炎および冬の氷雨と夏の驟雨」として「表されている」、という叙述があるのが、各人が心の中で描くイメージ（空想や連想）を一致させたり共有させたりする話術の典型である。ここのアイヌ語は「ノカ　ヌィェ」であり、多くは、形象（ノカ）が描（ヌィェ）かれていると訳される。しかし、日本の絵巻物にあるような、地獄の炎の色と形の絵が扇の両面に実際に描かれている、と解釈してはまずい。聞き手それぞれのばらばらな連想や想像を、主人公が火の女神であるという一致した了解へと絞り込むためにとられた言い回し、表現上の工夫と見るべきである。「ミントゥチ」については、空想を具象化している例として、O−9がある。そこでは、アィヌラックルが作った草人形の死んだ魂（ライ・トゥカプ）の変生したものが、ミントゥチのカムィであると

いわれている。草人形なら、アイヌの人々の誰もがその姿を知っている。またKY-100では、人間の娘の婿になる若者として出現し、ミントゥッチのトノと自称する。KY-101では、シリサマィヌ（水辺の崖に住むァィヌ）と説明される。いずれからも、人間に近い姿のものとしてイメージの共有が可能になっている。

　アイヌ文化が文字を持たずに継承されてきたことを知る人は多いが、アイヌの人々が絵画も描かなかったことはあまり知られていない。文様はある。なぜ絵を描かなかったのか。このことも縄文の心という観点から、花を飾らないことや庭園を造らないことなどと共に考えるテーマであるが、別の機会にゆずる。

⑦動植物や自然現象のとらえかたと知識の一致
　カムィ・ユカラには多くの動植物や自然現象が、主人公や脇役のカムィとして登場する。生態や現象の観察は鋭くて細かく、それぞれのカムィの属性や動作や行動様式として巧みに表現されている。人々が作った器物も、その役割と共に脇役となる。
　アイヌの人々は自然の力を恐れたり自然の恵みを感謝したりする気持ちと、自然現象についての知識とを共有している。これらはカムィ・ユカラの舞台装置となる。KY-1のカムィ・ユカラでは、ラヨチ（虹）が雰囲気を盛り上げる。ラヨチ（虹）は、カムィ・ユカラにしばしば登場するが、虹に対するアイヌの人々の考えや印象は、現代日本人のものとはかなりかけ離れている。KY-1のカムィ・ユカラでは、水の女神が繰り出す水が火の女神のそそぐ熱によって水蒸気・水滴になり（水の女神の劣勢を示している）、さらに強い光を受けて虹ができる様子を、「真っ赤なおきの虹」が降りそそぐ、と表現している。虹の円弧から、

何かがなだれ落ちてくる有様を言わんとしているのかもしれないが、「真っ赤におこった炭火のような虹」と言う形容は、現代日本人には思い浮かばない。虹は七色であってこそ虹ではないだろうか。ウナ・ラヨチ（灰・虹）と言えば灰かぐら、ウサッ・ラヨチ（おき・虹）は、炉のおきがパーッと飛び上がったもののことだから、ラヨチ（虹）には、円弧をなすという意味があるのかもしれない。

　KY-1のカムィ・ユカㇻと同じ地域の伝承に、人が虹に追いかけられる話があるという。虹をつかもうとしてもつかめない、追いつけないというのは、虹の見える理屈を知らなくても、多くの人が経験していると思われる。観察眼の鋭いアイヌの人々が、虹は太陽を背にして前方に見えるという事実に反して、虹が追いかけるという伝説を残しているのには、何か訳がありそうであるが、それを説いてくれるカムィ・ユカㇻはこの資料の中には見当たらなかった。

⑧話題そのものが、伝えようとする主題であるように思われる場合

　このKY-1は、取られた夫を妻が取り返す話の形をとっているが、火の女神と水の女神の属性は天与のものであり、ともに人間の国を治めるために天界から下されたカムィである、との自覚と自負とを明言している。そして、正しいものが勝って事態が収束することにより、火の女神と水の女神の姿と使命についての認識が一致し、コタンの価値観の共有がはかられるようになっている。平穏な日常がかき乱された時には、「こらしめとつぐない」という手続きを踏んで、元通りの平穏にもどすのがよいというコタンの人々の考えも、この一篇の言外の主題のひとつである。

　話題そのものを伝えることによって、言外の主題を表明しているカ

ムィ・ユカㇻは、ほかにも真情を吐露するもの（KY－92)や、子守歌の形をとるもの（KY－95、96、97）などいくつかある。

V－1－1－b

　カムィは天界から使命を託されてきていると自覚している、ということを述べたもうひとつの例。

KY－4：クモのカムィが物語る

　行数：230行

　伝承者：平賀エテノア（女）

　採集地：日高国沙流郡新平賀村

　採集時：昭和7年(1932年)9月6日

　サケヘ：ノーペ

　物語のあらすじ：

1）私は、毎日刺繍に専念して暮らしている。

2）ある日、家の真上にカムィ（どのようなカムィかは不明）がシンタに乗ってやってきて、「巨大な魔物があなたを誘拐しに来るから備えなさい」という。

3）私には格の高いカムィであるという自負があるので無視する。

4）ある日また、先のカムィの声がして、「格の高いクモの女神であるあなたを奪いに、巨大な魔物が近づいている」と告げる。

5）私（ここでクモの女神であることが判明する）は、針男、栗男、蜂男、蛇男、杵男、臼男をあちこちに配置して、自分は変身して傍観の態勢をとる。

6）巨大な魔物が到着したが、各所に配置されたものたちが、順番

にそれぞれに固有の力を発揮して、魔物は死んでいく。

7）私は元通り、刺繍に専念して暮らしている。

　KY－1（V－1－1－a）のカムィ・ユカゥは、カムィ・ユカゥの特徴を余すところ無く示していたが、カムィ・ユカゥの中には、物語部分だけ、あるいは教訓部分だけが伝えられたように思われるものもあり、それらは句数が2百句程度と割合短い。KY－4のカムィ・ユカゥは、物語部分だけが伝わったものかもしれない。しかし、KY－1（V－1－1－a）と同じように、カムィ・ユカゥの特徴がいくつもあるので、KY－1の⑤と同じ点について確かめてみよう。

・主人公は、いつもの手仕事に専念しているというところから話が始まる。（＊1）
・この平穏な暮らしが乱されて事件が起こる。（＊1）
・主人公が「格の高いカムィであることを自負しているクモの女神」であることは、途中でわかる。（＊1）
・格の高いカムィは軽々しい振る舞いをしない。（＊3）
・相方は、雲のかなたで村を治めている巨大な魔物であるとのことだが、目当てはクモの女神一人で、単独で奪いにやってくる。（＊6）
・その魔物が襲来することを予告しに来たカムィの素性や、クモの女神との関係は述べられていないが、シンタ（人間界ではゆりかごの一種）という空を駆けるカムィの乗り物に乗って音高くやって来る。（＊1）
・脇役たちは道具や生き物であり、それぞれ持ち前の力や特技を持っているが、主人公であるクモの属性としての特徴や力の一部を、それぞれが代行するものとして選ばれているように見える。クモは毒

針で刺したり、網に捕らえて大きな獲物でも殺したりできるが、これらの力があることは、アイヌの人々には常識である。（＊2）

・戦いは、そのつど、順番に、一対一でなされる。（＊6）

・クモの女神を奪いに来る巨大な魔物の行為は、懲らしめたり退治したりすべきものである。カムィ・ユカㇻには、身分の違うもの同士の組み合わせを好ましくないとするものが多いが、ここでも、魔物が退治されることが人々に納得される。（＊4、＊5、＊7、＊8）

・事件が決着すると、クモの女神はまたもとの平穏な暮らしに戻る。（＊3）

　このKY－4においては、主人公のクモは、天から与えられた使命が明らかにされていないものの、KY－1と同様に、格の高いカムィであることを自覚している。巨大な魔物と実際に戦うものたちは、それぞれの特技を属性として持っている。

　KY－1では、主人公の夫の正体が不明だったが、このKY－4では、相方である巨大な魔物の正体がわからない。雲のかなたにいるということなので、かつて悪事を働いたために、そこに追いやられた者なのかもしれない。クモの女神を奪いに来る必然性も述べられていない。人々の勝手な想像をひとつに絞り込む工夫もない。KY－4は230行であって、いつも詳細な叙述をするこの伝承者のものとしてはかなり短い。時を経て、伝承者が変わり、叙述が繰り返されていく途上で、何かが脱落していったのかもしれない。戦いがすべて一対一であるところは、カムィ・ユカㇻの形を保っている。

　実際に起こった出来事の由来や原因がどうしてもわからないとき、カムィ・ユカㇻではしばしば、正体不明の魔物や異形の者の仕業のせ

いにするのであるが、現代人にはわかることがある。「ミントゥチ」や「身長15センチ、横幅150センチの異形の男」など、カムィ・ユカゥには、初めは受け入れられて、後に追放される者の話がいくつかあるが、おそらくそれらのカムィ・ユカゥが成立した頃のアイヌ社会において、多様なものをありのままに受け入れるというかつての価値観が薄れて、異邦人とか特徴がいささか目立つ存在であるものを、恐れたり排除していったりする過程にあったことを示しているように思われる。おとぎ話であるならば、正体不明の魔物であり続けてもかまわない。しかし、その正体を明らかにできれば、現代人には正体がわからなくなったまま伝承されてきた、そのカムィ・ユカゥの主題がはっきりするのではないか。

KY-4の主題のひとつは、平穏が一時かき乱されても元通りになるのが当然である、というコタンの人々が共有してきた考えを伝えることだろう。

V-1-2 善と悪との共存

この世に善と悪とが等しく存在するのは、国造りのカムィがそのように造ったからである、とはっきり述べているカムィ・ユカゥがいくつかある。また、良いものも悪いものも同じように話に登場させるという形で、善悪の存在を前提としていることがわかる話もある。しかし格の高いカムィがいつも善であるわけではない。カムィ・ユカゥにおける善悪の判定は、アイヌ社会の中で形成されてきた価値観に則って、それぞれの行為ごとにそのつど行なわれる。

V-1-2-a

KY-84：叙述者不明

言い伝えのカムィ・ユカラ

行数：141行

伝承者：平目カレピア（女）

採集地：日高国沙流郡荷菜村

採集時：昭和11年（1936年）2月21日

サケへ：カンヌサカ　チューレ

物語のあらすじ：

1) 国造りのカムィが、人間の国土を造り終える。

2) 国造りのカムィは、川筋や平地ごとに重い（格の高い）カムィの
   住処と、軽い（格の低い）カムィの住処とを、別々に配置する。ア
   ィヌ（人間）の暮らしにとって良い場所と悪い場所とがあるのはそ
   のためである。

3) 国造りのカムィは、海上にも陸上にもそれぞれ、善いカムィと
   悪いカムィとを配置する。

4) 遅れて、天界から、女の墓標と男の墓標とが下ろされる。女の
   墓標はアイヌの国土に落ち、つけられていた絹の布はチプタチカ
   プ（クマゲラ）という鳥になり、木の部分はソコニ（ニワトコの木）
   になった。この木はお祓いに用いる。男の墓標は、絹の布が海に
   落ちてメナスキ（ホオジロガモ）という鳥になり、木の部分はヤラ
   ペニ（カンボクの木）になった。この木は葬式の時に用いる。

5) これは国造りのカムィの人間界創造の物語の一部である。

　KY-84は、自叙したカムィが不明であるが、短い中にいろいろの
ことを伝えようとしている。

①この世に存在するものはすべて、国土を初めとして、国造りのカムィが創出したものである。

②重い（格の高い）カムィの住処と軽い（格の低い）カムィの住処とは、国土を造ってすぐに、国造りのカムィが別々に全土に配置したものである。

③　天から下ろされた墓標は、人間界で過ごしたものの魂が、再び天界に帰るときの道標であるが、男用と女用とがある。

④　人々が人間界で見る黒い鳥（クマゲラ）の起源は、女の墓標の絹の布であり、海上で白がよく目立つ鳥（ホオジロガモ）の起源は、男の墓標の絹の布である。

⑤　お祓いに用いるニワトコの木や葬式に用いるカンボクの木は、元はといえばそれぞれ女用の墓標の木部と男用の墓標の木部だったのである。

　KY－84は文芸論では、しきたりや器物や動植物の起源を述べた物語の一群の中で扱われるが、この世には始めから善悪が共存するものだということを、人々の認識として一致させる役割を果たしている。②と③の間にある文脈の断絶は、その間をつないでいた何かが、伝承の途中で脱落したためかもしれない。ものの起源を説く話は、雷鳴がとどろく由来を述べたもの（KY－90）や、セミが夏に鳴くわけを述べたもの（KY－33、34、35、O－13、14）その他いろいろある。

Ｖ－１－２－ｂ
KY－92：人間の娘が自分のことを謡い聞かせる

行数：356行

伝承者：平目カレピア（女）

採集地：日高国沙流郡荷菜村

採集時：昭和11年（1936年）2月25日

サケへ：ルカニンカ　フオ　ルカニンカ

物語のあらすじ：

1) 私は二人の兄とともに、いつも変わりなく暮らしている。

2) 兄たちは和人との交易に行く準備をする。交易船は、大きくて、左右の船端に山や海の善いカムィと悪いカムィとを「表した」特別の船である。

3) 私も一緒に船に乗り、船中では交易品として珍重される刺繍をする。

4) 途中で出会った白い鳥の群れが、交易に行けば毒殺されるから止めよ、と諫める。

5) 小さい兄は引き返そうとしたが大きい兄の漕ぐ力が勝って、結局、和人地に着く。

6) 案の定、兄たちは毒殺される。

7) 私だけが鳥の姿のカムィに助けられて、故郷に運ばれる。

8) やがて兄の霊が鳥になってやってきて、二人の兄の血筋を絶やさないように頼んで去る。

9) 私は悲しみのために心身ともに弱っている、と上のような身の上話をする。

このKY-92の主題は、いうまでもなく、和人との交易でアイヌの人々がこうむっていた悲惨な実態を、カムィ・ユカゥの形で伝えるこ

とであり、そのような動機によって語り始められたものであろう。ほかにも同じ主題は、子守歌の形式をとっていくつか伝承されている（KY-95、96、97）。

　このKY-92の交易船建造のくだりに、「この世には、善いカムィも悪いカムィも同じようにいるものなのだ」ということを、アイヌの人々が納得していることを表しているところがある。レパチプ（交易船）は、アイヌの人々が日常用いる丸木舟に側板を張って航海用に加工したり、装飾を施したりして、特別仕立てにしたもので、このカムィ・ユカㇻの主人公の兄も、腕を振るって造った。左右の船端には、山手のカムィたちの清らかなものも、魔物であるものも「その姿」を「表し」、海上のカムィたちの清らかなものも魔物であるものも「その姿」を「表し」てあり、私はその見事さに感動したとある。人々の心には、この世には善いカムィも悪いカムィも等しく存在するものなのだということがしっかり根付いているからこそ、このような船造りの作業があることを伝えてきている。そのことが、図らずもわかる叙述である。ここのアイヌ語「ノカ　ヌイェ」は、「絵が描いてある」とか、「像が彫刻されている」と翻訳されてきた。最近の出版物の挿絵などには、立派な船の側板に、いろいろの善悪の神々の想像上の姿が描かれているが、現代人の理解の一助にはなるにしても、アイヌの文化には絵画はなかったことに注意すべきである。カムィ・ユカㇻの中にしばしば現れるこの「ノカ　ヌイェ」という表現は、心象の一致と意思統一をはかるための方法・話術であるとみるべきである。このことはV-1-1-aの⑥で述べた。

　ものの起源を説くKY-84と交易にまつわる悲劇を伝えるKY-92は、それぞれの物語の筋の合間に、この世は善と悪とが等しく存在す

るように初めから造られていた、ということを述べている。他にも、KY－51、79、80、85などに、善悪の共存を人々が当然のこととして認めている場面がある。

Ⅴ－２　縄文の心—その２：変えない

　天与の姿を変えたり、使命を怠ったりして、平穏を乱してはならない。

　変わらないものへの信頼は、古今東西どの文化にもある。革新をもてはやす現代日本社会であっても、法令、規格、時刻その他数々の基準となるものは、変えてはならない規範として判断の拠りどころにされ、先が見えないことや不確定なことへの不安はたえず聞かれる。

　アイヌ文化においては、「いつも変わらない日々の暮らし」が、安心や歓喜の拠りどころにされていた。変わること（事件やその結果）は、多くのカムィ・ユカㇻに見られるように、人々に恐怖と不安をもたらし、畏怖の対象になった。

　カムィ・ユカㇻには、たくさんの「変わらないもの」「変えてはいけないもの」が示され、「変わること」や「変えること」が事件（罪）であり、それらへの対応（罰）が、話の筋になっている。これは、変わらないものを信頼して、変わらない状態がつづくことを、人々が強く望んでいたことの表れといえる。

　カムィ・ユカㇻの話題は、変わらない暮らしに起こる「事件」の部分であり、いくつかの類型がある。また、この部分には、アイヌの人々の自然観や、倫理観や、日常の暮らしの有様が示されている。彼らが接触したそれぞれの時期の日本人の考え方が反映していると思われる場合もある。

Ｖ－２－１　平穏のかく乱と収束

　カムィ・ユカㇻは、平穏―事件―収束―平穏という流れで進む。「いつも変わりなく暮らしている」ということばで始まり、平穏な暮らしが基準であるということが、冒頭で示唆される。そこに、平穏を破る事件が起こる。事件ではなく、ものごとの起源を説明する話題もあるが、カムィ・ユカㇻの話題の大半は、平穏を破る変化（事件）の一部始終と、平穏を取り戻して収束させる方法を述べたものである。人々は、好奇心とコタンの倫理観とによって、そのなりゆきと結末とに聞き耳を立てる。事件は、正しいものが勝って終わる。敗者はわびて許してもらったり、つまらない、価値の低いものに変えられたり、永遠にこの世にはもどってこられないところに追放されたりする。

Ｖ－２－１－a

　すでに詳しく見たKY－1は、主人公が勝者であった。平穏を乱した夫が、敗者としてわびて、許されて平穏が戻る、という収束の仕方の典型であった。

Ｖ－２－１－b

　話の発端の事件（平穏を破る変化）から、状況が移っていき、悪者が懲らしめられ、善い人々のもとに平穏な暮らしが戻るまでの話の筋そのものが、話題であり主題であるカムィ・ユカㇻも多い。

KY－7：子グマのカムィが物語る

　行数：804行
　伝承者：平賀エテノア（女）

採集地：日高国沙流郡新平賀村

採集時：昭和7年（1932年）12月28日

サケヘ：ホ　ウェイ　ホ　ウェイ

物語のあらすじ：

1）私（子グマ）は人間のもとで育てられている。

2）人間の父は、イヨマンテ（イ・オマンテ）の祭祀に必要なものを買い整えるために、和人との交易に出かける。

3）その留守中、人間の母と居候の男が私につらくあたるので、私は逃げ出す。

4）私は川上の漁小屋にたどりつき、そこの主人に手厚く介抱してもらい、その人の村で丁重に養われる。

5）交易から戻った父が、悪妻と居候とを処罰して、私（子グマ）を探し出す。

6）初めの父と川上の村おさである養父とで、どちらが私のイヨマンテを主催するのか、話し合いをする。

7）私は、初めに養ってくれたほうの父に送ってもらいたいと意思表示する。

8）川上の養父母は納得して、イヨマンテの支度を手伝ってくれる。

9）私は立派に送られて天に帰り、そこでクマの父母とともに暮らしている。

このカムィ・ユカㇻの話題（事件と結末）には、さまざまな情報が含まれている。

①イヨマンテは、アイヌの人々の最重要の儀礼であった。山でしとめたクマの成獣は、ホプニレ（出立させる）という儀礼によって霊魂を天に送るが、子グマは、生け捕りにしてコタンに連れ帰り、

1〜2年間大切に育てた後、イヨマンテ（イ・オマンテ、それ＝霊魂・
を行かせる）という盛大な儀礼によって、その魂を天に送る。イ
ヨマンテには、肉と毛皮と熊の胆という大きな恵みをもたらし
てくれるクマが、今後も「変わりなく」天からもたらされるよう
に、という願いが込められている。私（子グマ）が、いずれ、イヨ
マンテの主役になることが、このカムィ・ユカㇻの冒頭で示唆さ
れているのである。

②イヨマンテには、たくさんのイナゥ（木幣）や酒やシト（本州北部
　地方の粢と同類のだんご・餅）などを用意する。子グマの霊魂が天
　に帰るときに持たせてやるみやげであり、盛大な儀式に参加する
　人々へのもてなしである。子グマの人間の父は、この儀式（祭祀）
　に用いるための器物や食材を手に入れるために、和人地へ交易に
　行く。

③子グマを飼ってイヨマンテを執り行う力があるということから、
　この子グマの人間の父は、そこそこの立場の人であろうと想像さ
　れる。

④イヨマンテの準備のために、アイヌのコタンから和人地へ交易に
　行く、ということから、このカムィ・ユカㇻの成立は、和人との
　交易があまり大きな問題もなく行なわれていた時期のことであろ
　うと推測される。

⑤子グマを助けた川上の村おさは、病弱な者への適切な対処を心得
　ている。有能な治癒者でもあるようだ。

⑥川上の村おさは、損得ずくで子グマを助けたのではない。

⑦川上の村おさは、子グマの初めの養父を尊重しつつイヨマンテに
　協力することにより、村おさらしい品格を示している。地域の治

癒者の能力を持ち、イヨマンテを支援する財力もあるということで、川上の人の村おさとしての資格を、聞き手は納得する。

⑧子グマを大切にしなかった男女は、当然こらしめられる。

⑨このカムィ・ユカゥには、締めくくりの教訓のようなものは無いが、「善の勝利」と「平穏なくらしの回復」という話の筋が、しきたりやアイヌのコタンでの日常と重なるたくさんのエピソードとともに聞き手に納得され、カムィ・ユカゥが受け継がれてゆく条件が備わっている。

V－2－1－c

主人公が敗者となって平穏が戻る、という収束のしかたもある。このような話では、最後に主人公の反省や教訓が語られる。

KY－21：沖のシャチのカムィが物語る

行数：385行

伝承者：平賀エテノア（女）

採集地：日高国沙流郡新平賀村

採集時：昭和7年（1932年）10月12日

サケヘ：フウェウェウェ

物語のあらすじ：

1）私の夫は、真に格の高いレプン・カムィ（沖のカムィ、シャチ）であり、私たちはそれぞれの手仕事に専念して、平穏に暮らしている。

2）ある日、夫は海からあがって、陸の国へ行ったが、いつまでも帰ってこない。

3）夫が山のカムィの娘を妻にしていることに、私が気づく。

4）腹を立てた私は、戦いの装束を整えて、夫が滞在している山の家に行き、山のカムィの娘に戦いを宣告する。

5）山のカムィの娘は、自分の非を認めた上で、今は産褥の身であるから、戦いを思いとどまってほしいと頼む。

6）山のカムィの娘は、態勢が整わないまま、結局私と戦う。

7）山のカムィの娘は、小さな肉片になって敗北する。

8）夫は私の行為に激怒して、私を海には戻れないリスに変えてしまう。

9）夫は、山のカムィの娘を生き返らせて、赤子と共に海に帰る。

10）リスに変えられた私は、シャチの若者たちに、決してウェイサンペ（貧しい精神・悪い心）を持つな、と諭す。

このカムィ・ユカラでは、次のような考えが示される。

①平穏を破る変化（事件の発端）は、夫や山のカムィの娘による人倫にもとる行為にある。

②妻の立腹は、この時点では問題にならない。

③「産褥にある者は、誰よりも大切にされるべきである」、というコタンの倫理観が示されている。

④産褥にあるものに戦いを挑んだ妻のほうが、夫の行為よりも罪が重いとみなされて、主人公である妻が断罪されている。

⑤事件の発端である夫（シャチのカムィ）は戦いにはかかわらない。戦いは、シャチの女神と山のカムィの娘との一騎打ちである。

⑥夫の行為が無条件に容認されているわけではないので、主人公は完全な敗北には至らない。天与の姿を取り上げられ、海の王者の妻としての地位を失いはするが、陸で生き続ける。

⑦肉片にされた山のカムィの娘も、完全な敗北にはいたらず、再生
　して海で生き続ける。

　女の一騎打ちは対等の負け方であるが、夫であるシャチのカムィが
無傷なのはどういうことを意味しているのだろうか。このKY−21に
見られるアイヌのコタンの価値観と倫理観は、オキクルミ（アィヌラッ
クル）が主人公であるオィナに多い。弥生の心が感じられる。

V−2−2　姿を変えたり本来の使命にそむいたりする

　カムィ・ユカㇻには、天命にそむいたものを罰する話と、変身して
いるものの正体を暴く話がたくさんある。この世に存在する有形無形
のものすべてには、国造りのカムィが造った当初の存在意義と使命と
役割と固有の姿があり、おのおののカムィはそれを自覚すべきであっ
て、自分勝手に変えてはいけない、という考えが表れたものである。

V−2−2−a
KY−64：フリ鳥が物語る
　行数：241行
　伝承者：平賀エテノア（女）
　採集地：日高国沙流郡新平賀村
　採集時：昭和7年（1932年）9月26日
　サケヘ：フリ　ワ　テンナ
　物語のあらすじ：
1）私は、沼の番人として人間の国に下ろされ、一緒に下ろされて
　来た黄金のエゾマツの梢に住んでいる。

2）その沼には、2種の魚がいる。

3）私はそれらの魚だけを食っていたが、人間たちも取りにやってくる。

4）それがおもしろくない私は、いつも人間たちを殺していた。

5）ある時、貧相な男が来て、沼の中央でたくさんの魚を取っているのが見えた。

6）私は不愉快なので、その男を攻撃した。

7）ところが、その男は逆に私を打ちのめし、私は殺され、切り刻まれた。

8）私の肉片は、虫や鳥になって、二度と元のところには戻れない、国土の西の果てに追いやられた。

9）私は、これが私の行為に対するオキクルミの懲らしめであることを悟り、これからのフリ鳥たちに、決して悪い心を持つなと戒めた。

このカムィ・ユカゥからは、次のことがわかる。

①主人公の使命は、波が立ち、岸辺には黄金のエゾマツ（トウヒの仲間。針葉樹の巨木。）がそびえるような大沼の番をすることである。

②カムィ・ユカゥの主人公や脇役は、身近な動植物であることが多い。ここの主人公はフリという鳥で、沼にいるスプラカイネとカイラカイネという2種の魚は、小道具である。

③オキクルミがフリの悪行を懲らしめに来るが、その時のオキクルミは常套表現どおりに、みすぼらしく年寄りの風体である。

④大沼の番を怠った上に人々を殺したことは重罪である、とオキクルミ（アイヌラックル）が宣告することにより、フリの厳罰（国土の西の果てへの追放）が示唆される。

⑤厳罰に処されたものであっても、無に帰さず、そこから眷属に向かって教え諭すことができる。

このカムィ・ユカㇻにおいても、どんな存在（カムィ）も、使命をおびて天から下ろされたものであること、その使命を全うしないことは罪であること、罪の大きさに応じた罰があること、最も重い罰を受けても存在そのものは消滅しないことなどが叙述され、カムィ・ユカㇻの典型のひとつといえる。

フリはカムィ・ユカㇻの主人公であるにもかかわらず、アイヌの人々や研究者の間で解釈がまちまちで、何の鳥のことか今のところ定まっていない。大きな鳥、怪鳥、想像上の鳥などといわれている。この資料には、フリを主人公とするカムィ・ユカㇻが3編ある。それらの生態描写に見られる特徴からすると、フリは、亜寒帯から極地にかけて渡りの経路が決まっているオオワシ、オジロワシ、そして北海道には迷鳥として飛来する可能性のあるハクトウワシのことであるかもしれない。

大沼に住むスプラカィネとカィラカィネという2種類の魚は、カムィたちや人々の大切な食料だということであるが、現代のアイヌの人々にはなじみの無い魚名である。このカムィ・ユカㇻが成立した頃には、アメマスやイトウと同じように、有用淡水魚として人々に知られていた魚だったのだろう。

Ⅴ－2－2－b
KY－102：或る大長者が物語る
　行数：405行

伝承者：平賀エテノア（女）

採集地：日高国沙流郡新平賀村

採集時：昭和7年（1932年）11月2日

サケヘ：ハンレワ　レワ

話のあらすじ

1) 海上からやってきて、村々の長者の宝物を強奪して歩く男がいるといううわさが流れている。

2) 私（主人公）は泰然として、いつも通りに暮らしている。

3) ある日、その男がとうとう私のところにやってきた。

4) 私はしきたり通りに、その男を客として家に招じ入れる。

5) 客は、自分の素性を言い当てるように迫り、できなければ宝物を奪うと言う。

6) 私はその男の正体を詳しく言ってのける。

7) その男は、元は立ち木のカムイだった、オキクルミが舟の材として切ろうとするのがいやだったので粗悪な材に姿を変えた、オキクルミは伐った後に捨てた、捨てられた木は朽ち果てるのが惜しいので自ら人間に変身した、悪者どもを仲間にして長者たちに難問を吹っかけては宝物をせしめていた、という私の謎解きを認める。

8) 男は、自分の行為は悪事であるからと、天罰を覚悟する。そして、奪った宝物を本来の持ち主に返すよう私に依頼する。

9) 男は朽木に成り果てる。

10) 仲間の悪党どもも亡びる。

11) 私は朽木の山を燃やす。

12) 私はこの男の心の半分が善であったことを良しとし、イナゥを

作ってその魂を天に送ってやる。

13）私は宝物を元の持ち主に返してやり、たくさんの返礼によっ
て、いっそう大長者になる。

このカムィ・ユカㇻの主題は二つある。ひとつは、天与の姿を変え
てはいけないということ。もうひとつは、たとえ悪事を働いても、悔
い改めれば完全には滅亡せず、イナゥをもらって天に帰ることができ
るということである。この二つの主題が、アイヌの人々の考え方とコ
タンのやり方に沿って、話の中で示されていく。順を追ってみていこ
う。

①8枚ものござを帆にかけた大きな船でやってきた男が、村々で悪
事を働いているといううわさが、話の発端である。アイヌの人々
は、厄介なものや災難は、津波にしろ疱瘡神の一団にしろ、海上
から来ることが多いと考えていた。

②イコラムヌカㇻ（人の力量をはかること）を吹っかけて、相手を負か
してはそのひとの最上の宝物を奪って回る男の到来を予測しなが
らも、主人公が平然としているということから、主人公が長者で
あることがわかる。

③天与の姿を変え、使命とは異なる行いをしているものは、正体を
見破られると、本来の姿と本来の使命に戻るとアイヌの人々は考
えた。変身して悪行を働いていたものは、その悪い力を失うし、
実はよいカムィだったということがわかれば、人々はあがめたり
その力に頼ったりするのである。

④主人公は長者であるから、来訪者を客人としてもてなす。

⑤男の売ったけんかに主人公が勝つことも、負けた男が本来の立ち

木のカムィの成れの果ての姿になることも、アイヌの人々にとっ
ては予想通りの展開である。

⑥主人公ともと立ち木のカムィとの戦いは一対一である。相棒たち
は海上で待っているが、男の破滅と同時にこちらも亡び、彼らの
偽りの関係は消滅する。

⑦奪った宝物を本来の持ち主に返してほしいという男の願いを、主
人公が善心であると認めることは、アイヌの人々の気持ちに沿っ
ている。

⑧悪事を働いたものが悔い改めて、一部の善心を示すのであれば、
イナゥをもらって天界に帰ってよい、というのがアイヌの人々の
罪と罰に対する考えである。朽木になった男の魂が主人公にイナ
ゥを作ってもらって天に帰れたことに、人々はほっとする。

⑨主人公は、かつて悪事を働いたものの言であっても、約束を守
る。長者らしい振る舞いであることを示している。

カムィ・ユカㇻが時を越えて伝承されていく条件は、アイヌの人々
の常識や価値観が守られていることと、物語としておもしろいことと
であるが、舟に造ってもらうべきであったのにそれを拒んだ上、悪さ
を働いて敗北した樹木の話も、この条件をそろえている。

Ⅴ-3：縄文の心─その3：対等

カムィ・ユカㇻに登場するカムィたちは、どの説話においても、冒
頭では皆対等の存在である。格の高いことを自負していようが、雲の
かなたの魔神であると目されていようが対等である。登場するカムィ
たちに善悪や強弱などの格差が生じるのは、話の筋にともなって、ア

イヌの倫理観や価値観に基づいた判定が下されていく結果であり、しかもその結果生じたカムィ間の不平等は、そのカムィ・ユカゥの中だけに生じた関係である。このことは、Ⅶで123編全部を検討するので、おのずと了解されると思う。

VI 戦いの伝承

　縄文時代は集団同士の戦いの条件がそろっていなかったために、戦いがあったとしても、それらは個人間のあらそいであっただろう、ということを先に述べた。（Ⅱ−3）。

　縄文時代の後、4世紀頃まで、西日本一帯では、土豪らによる抗争（弥生型の戦い）が続き、ヤマト王権が形成されていったが、この弥生人の子孫と、本州中北部や北海道に残存した縄文人の子孫（続縄文人）とは、5〜6世紀頃までは、一部混住一部住み分けの状態にあったと見られる。そしてこの時期までは、続縄文人たちは、西日本の戦いに無関係だったと思われる。

　しかし、その後、続縄文時代（日本史の弥生・古墳時代）以降近現代までの期間に、この北日本の人々は、日本列島の集団戦の一方の当事者になることがあった。日本史の資料には、7世紀半ばから9世紀半ばの頃、本州北部において、ヤマト王権と在地の人々との攻防がたびたびあったことが記されている。

　ヤマト王権は、本州北部の人々をエミシと呼んで、彼らを支配下に置くために、北上・侵攻を繰り返したが、最初期の7世紀半ば頃は敵対せずに、共同で粛慎などの外敵と戦ったこともあった。8世紀後半から9世紀前半ころになると、エミシの居住地のうち津軽地方以南は、ヤマト王権の領域になるのだが、この200年ほどの間、エミシはヤマト王権の大規模軍団にそのつど応戦した。

ヤマト王権が、自らの支配下にないと認識して、「エミシ」とか「まつろわぬ人々」としてひと括りに呼んでいた本州北部の人々には、弥生人の子孫のほかに、縄文人の子孫である続縄文人が混在していたと考えられる。続縄文人は、ヤマト王権との攻防戦のときにはじめて、一対一ではない集団同士の戦い、そして、人間が武器の一種であるかのように、物として使用される戦いを、体験したり見聞したりした。その後は19世紀半ばに至るまで、日本列島内の戦いは、南から北まで、集団間の弥生型の戦いである。

　もし続縄文人やアイヌの人々が、このような戦いに強い印象を受けたとすれば、さまざまな伝説が生まれて伝承されてきたことだろう。そしてそれは、カムィ・ユカㇻの話題に何らかの形で影響を及ぼした可能性がある。

　カムィ・ユカㇻがいつごろ成立したのかは、わかっていない。カムィ・ユカㇻに登場する器物やことばには、日本のものや日本語由来のものがあり、話題のいくつかには、交易に出かけるくだりがある。だから、続縄文人の子孫がアイヌと呼ばれるようになって以降、そのアイヌの人々が本州や北東アジア沿岸部で盛んに交易したり、他民族と戦ったりした時期（中近世）以降のことは伝わっているといえる。では、それ以前のことが伝わっているかどうかは、どのように知ればよいのだろうか。

　人々の暮らしに大きな影響を与えた大事件であれば、後々まで語り継がれていく可能性がある。日本史の資料でも、火山の噴火、大地震、大津波、疫病の大流行、大きな戦乱などは、必ず書き留められていて、伝説も残されている。文字使用以前の日本列島の出来事であれば、『古事記』や『日本書紀』のように、口頭伝承をもとにして、後

に文字記録したものもある。その記述からは、当時編纂にかかわった人々の立場と、ものの見方と、その人々が伝えようとした意図もわかる。

　カムィ・ユカㇻにも、古い時代の戦い（縄文型）や天災のことが、その古い時代の考え（縄文の心）と共に伝承されているのではないか。

　先に（Ⅱ-3）少し触れたように、縄文型の戦いには弥生型の戦いとは違う特徴がある。

　①縄文型の戦いでは、正しいものが勝つ、正しければ勝つ、正しいから勝つというのが当然とされる。一方、弥生型の戦いでは、古今東西の戦いと同じく、大義の有無や手段の是非にかかわらず、勝ったものが正しい、勝ったから正しいとされる。

　②縄文型の一対一の戦いでは、当事者はそれぞれ自分の意思で自分の正しさを主張するが、弥生型の集団同士の戦いでは、人々は物として扱われ、支配者の意思を成就させるための武器の一種のように動かされる。

　③縄文型の戦いの目的は、相手の持ち物や生命を奪うことではない。弥生型の戦いでは、相手の持ち物を奪って自分の物にすることが目的である。生命を奪って相手を無き者にすることも、大きな目的である。

　これらの特徴を目安にすれば、カムィ・ユカㇻに縄文型の戦いや縄文の心が伝えられているかどうかを、調べることができると思われる。

　本稿の資料のカムィ・ユカㇻでは、戦いの話題が、全123編の約四分の一を占めている。古い縄文型の戦いそのものが伝わっているかどうか。それは、戦いを話題としている叙述によって判断する。古い考

え（縄文の心）が伝わっているかどうか。それは、全123編の話題すべてについて、その内容と叙述から判断する。

　7世紀以降19世紀半ばまでの弥生型の戦いのうち、続縄文人やアイヌの人々が関わった大きなものには、元軍とサハリンアイヌとの戦い（13世紀末）を初めとして、コシャマインの戦い（1457）、シャクシャインの戦い（1669）、クナシリ・メナシの戦い（1789）その他松前藩との交易を巡る攻防などがある。しかし、これら実際にあったいくつかの大きな戦乱に比定できるような戦いの叙述は、資料123編の中にはひとつもなかった。123編のカムィ・ユカラで述べられた戦いは、あくまでも一対一の縄文型の戦いであった。

　弥生型の戦争を、アイヌの人々は知っていた。にもかかわらず、カムィ・ユカラの中でそれらは話題にされていない。一方、縄文型の戦いは、非常に多く話題にされている。この伝え方は、アイヌの人々のどのような心を反映しているのだろうか。

Ⅵ－1　弥生型の戦いが伝わらなかった理由

　まず、弥生型の戦いにアイヌの人々は関わったにもかかわらず、カムィ・ユカラに伝えていないことについて、その理由を考えてみる。弥生型の戦いが伝わっていない理由はいくつかある。

　＊1　戦争当時、その規模や影響が人々に大きな印象を与えなかったために、伝承されなかった。

　＊2　古い時代の戦いは、経験した人や目撃した人が当初は語ったとしても、時代が移って関心が変化し、忘れられてしまった。

　＊3　聞き手のまちまちな理解のために、人々に共有された部分だけが残り、戦争の実像とはかけ離れた内容に変わってしまった。

＊4　意図的にちがう内容が伝えられた。

＊5　弥生型の戦争の目的や、集団同士の戦闘という戦いに共感しなかったから、伝えなかった。

＊1から＊5は、どれも、弥生型の戦争がカムィ・ユカㇻとして伝承されてこなかった理由になりうる。

＊6　もうひとつ、伝承するためのことばの面からも、弥生型の戦いが伝わっていない実態が浮かび上がる。

　戦いを語るとき、戦場の様子や戦況については、身近なことがらになぞらえることができる。戦場の惨状などは、落雷や津波や火山の噴火といった天災、漁労や狩猟の時の遭難などにたとえて、理解を共有できるので、口頭による叙述が可能である。しかし、戦いの中でも、弥生型の戦いを語るには、弥生型の戦いの本質であるさまざまな概念を理解して、それを表現することばを使用しなければならない。

　アイヌ語では、これらの概念を、どのようなことばで表現するのだろうか。

　i　戦争。あらそい（武力行使以外の試合や勝負を含む）。

　「戦争」のアイヌ語は、トゥミ（トゥム・イ）という2音節の単語またはロルンペ（ロロ・ウン・ペ）という複合語である。トゥミは、トゥム（力）という1音節の基本的な名詞の所属形トゥミ（～の力）と同じ形である。英語の腕アームを複数にすると武器アームズになるが、似たような発想による派生のように思われる。戦争に関連する各種の語彙のうち、トゥミは、アイヌ語で唯一の単語である。順次述べるように、他の言葉はどれも、状況を具体的に述べるにあたって作られた複合語

であると考えられる。

ロルンペには、戦争のほかに、悲しみ、重大な儀式、などの意味もある。ロロ（上座）・ウン（にある）・ペ（もの）と分解しても、このような複合語が作られたときの状況がわからない。上座で、戦死者のための特別な儀式などが執り行われたのだろうか。

現代アイヌ語では、武力を以って戦うことは、トゥミ・コロ（戦争・をもつ）、トゥミ・アン（戦争・ある）、トゥミ・サンケ（戦争・を前に出す）などの複合語を使う。複合語であるということから、これらの言葉は、その言葉を作らなければならないような事態が、後の時代に起こったときに、必要に迫られて作って対応し、意思疎通や相互理解を図ったものであることがわかる。

武力で戦うのではない、「試合する」や「勝負する」は、ウ〜ウワンテ（互い・〜・をよく見る）や、ウ〜パクテ（互い・〜・をくらべる）を用いて、「〜」について両者間の優劣を決めることを表す。弁論をたたかわせる、談判するは、ウ・パラ・パクテ（互い・口・を比べる）である。チャランケ、チャ・ランケ（ことば・を下におろす）という違った表現もある。巫術くらべなら、〜のところにヌプル（霊力）を入れる。

ⅱ　勝ち負け。決着。

戦ったり比べたりした結果はどう表現するかというと、「勝った」とか「負けた」というアイヌ語はないので、具体的な状況を述べる。たとえば、勝った者は、もとの暮らしに戻った、カムィらしい立派なカムィになった、負けた者は、六重の地底に落ちた、虫けらや小鳥に変えられたというように説明される。時代が下ると、結果の優劣について、勝つは、日本語の勝った由来のカッタロ、負けるはやはり日本語

の負けた由来のマケタロなどを用いることもあるが、カムィ・ユカラ
では見られない。和人との接触が多くなった江戸後期に、新しく取り
入れられた言葉であると思われる。

　iii　権力。支配者。支配する。
　これらに相当することばがない。アイヌ語の語彙については、「抽
象的概念や文明的所産を表す語が少ないのが、アイヌ語彙の傾向であ
る」といわれる。これは、アイヌ語では、抽象的な概念は、それを単
語ではなく、具体的なことばを基に複合語を作って説明する、という
ことを指摘しているのであるが、辞書の見出し語として定着している
軍事関連の複合語はない。複合語は、臨機応変に作られて使用される
造語法の形なのである。
　アイヌ語に抽象的概念を表す語が少ないというのは、アイヌの社会
には、抽象的概念を実感して、それを理解する経験の歴史が少なかっ
たために、抽象的概念を表現する必要がなく、そのような語彙が生ま
れなかったとも考えられる。「権力」を例に取れば、物理的な力はトゥ
ムという単語や、それより大きい力を意味するキロロ（骨・のところ）
があるが、これらのことばには、他者を押さえつけて意のままに動か
す、という抽象的な意味内容は含まれない。「力」に「権力」と言う意
味を付与するということが、現代に至るまで起こらなかった結果であ
ろう。弥生型の戦いを伝承しようとしなかったから、用語も生まれな
かったのだと考えられる。
　「支配する」、「支配者」ということばもない。カムィ・ユカラには必
ず出てくるヌプリ・コロ・カムィ、カント・コロ・カムィ、コタン・
コロ・カムィ、はそれぞれ山を領する神、大空の神、村おさなどと訳

されるが、そこには他者の上に立って権力を行使する者の意味はない。動詞のコロは、「所有する」であるが、これら三者はいずれも、自分の目のとどく範囲を、見識を持って守る立場の者である。

　ついでに言えば、アイヌ語には「自然」や「世界」にぴったりすることばが見当たらない。

　iv　富。独占。

　弥生型の戦いの目的であり、その戦いを起して目的を達するまで続けることを可能にする、権力と財力の裏づけとなる富の偏在や独占を表すことばがない。アイヌ語のイコロ、イ・コロ（もの・を持つ）は宝物と訳されるが、アイヌの人々が価値あるものとみなしているものは、日本人が考える宝物とはかけ離れている。高性能の武器でもなく、人々を動かすための金銀でもない。アイヌ社会では、錆びた日本刀や兜の前立て（鍬形）などを特別な宝物として大切にしたが、弥生型の実戦にはまったく用を成さない。これらの宝は、重要な行事や儀式の時に、自分の一部のように扱うものなのである。アイヌの宝物は、他者を支配するための財力や武力に交換できるものではなく、あくまでも、自分を守護するもの、後ろ盾である。これを理解しないと、アイヌ社会における「つぐない品」アシンペを提出することが、自分の後ろ盾を弱くして、相手の後ろ盾を強めることになる、つまり自分にとっては大きな罰になる、という贖罪の考えはわからない。

　日本語の「ひとりじめ」（独占）は複合語であっても、定着した一語であるが、アイヌ語では、そのつど「〜を自分だけに集める」とでも言うしかない。平等に分配する暮らしが基本的に維持されていた社会では、外部のやり方の影響を受けて、ひとりじめという事態が問題に

なるまで、このことばは必要なかったはずである。

v 兵士。指揮者。軍団。戦略。

これらを表す適語がない。兵士は現代アイヌ語でトゥミコロクル、トゥミ・コロ・クル（戦争・を持つ・者）という。命令どおりに敵に立ち向かう戦闘員として、アイヌの人々が徴発されるようになってから作られたことばであろう。アィヌ(人間)・トパ（群れ）は群集、ユゥ（鹿）・トパ（群れ）はシカの群れであるが、トウミ（戦い）・トパ（群れ）ということばはない。トパットゥミになると、夜盗が群れを成して襲う｜夜討ち」である。

パウェテンケ、パウェ（口）・テンケ（をとばす）は「命令する」とも訳されるが、コタンにおいて共同作業をするときに指図号令するような人について言うときの言葉である。

アコィカラクニプ、ア（我々、人々）・コイカラ（〜を模する）・クニ（べき）・プ（者）は「従うべきもの」であるが、「万人が見習うべき人」の意味であって、服従や隷属の意味はない。

出陣を促す書状が来る（カンピ・ラン、紙・下りる）話（O－4）などは、新しい伝承であると思われる。

vi 砦。陣地。戦場。

チャシという堀で囲まれた中近世の遺跡がある。擦文文化に続く13世紀から19世紀の北海道のアイヌ文化期の遺構であり、砦（とりで）と日本語に訳されることも多く、カムィ・ユカラには登場しそうである。現代人は、弥生型の戦時における城のイメージを持つことと思われる。造成・構築された時期は、ちょうどアイヌの社会が弥生型の戦

争に関わっていた時期にあたるのであるが、実際に砦であったもののほか、儀式の場のように思われるものがあり、その起源や用途などは、考古学的にいまなお解明途上のようである。チャシは、チ（受身）・アシ(立てる)・イ（ところ）と解釈されて、柵、囲い、境界の垣根、堀、家、館、山城、砦と訳されたりする。このチャシは本稿で取り上げたカムィ・ユカラに少し登場する（KY－62, O－3, 5, 7, 15, 16）。6例あるが、すべて、アィヌラックルが育てられていた居宅の意味であり、戦争の要塞・陣地・出城や戦場の意味では使われていない。アィヌラックルはここから戦いに出かけて、戦いが終わるとここに帰宅する。

vii　武器。

武器には攻撃用と防御用とがある。これら戦いに用いる道具を総称する単語はない。かつて縄文時代のおわりに、大陸から青銅や鉄の矛がもたらされたときに、縄文人の子孫たちは、それらを武器ではなく祭器とみなした。後の時代に、続縄文人やアイヌの人々が関わったさまざまな実戦においては、攻撃用の武器としては、こん棒（ストゥ）や刀（エムシ）や槍（オプ）が使われたと思われる。こん棒も刀も槍も、本来はけものや魚をとらえるための生活用具である。交易で得た刀身の錆びた日本刀などには、手の込んだ美しい彫刻の鞘をつけて、代々大切に伝えていった。攻撃用の武器の総称をあえて言えば、エシポプケプ（エ・シ・ポプケ・プ、それで・自分・を奮い立たせる・もの）となり、自分が持っている有力な手段の意味である。これは縄文型の戦いにおいて、両者が自分専属の持ち物（弁舌や巫術など）を出して比べあう時には、ぴったりの表現となる。弥生型の戦いで用いるような、持ち主が変わりうる戦闘用具のことではない。

防禦用具の盾、鎧、冑などのうち、盾に相当する語はない。盾で身を守りつつ戦う場面も、カムィ・ユカラには見えない。アィヌラックルは戦うときに、濃い靄に身を隠していることが多い。これはアィヌラックルの登場を示す常套表現であり、このときの靄は、武具とはいえない。アィヌ語のハヨクペ、ハヨク・ペ（身にまとう・もの）は、よろいと訳されることが多いが、本来の意味は「扮装」ないし「正装」であったのではないか。たとえば、天のカムィが人間界に降り立つ時、クマのカムィなら黒い毛皮という正式の装い（ハヨクペ）で現れるが、それをよろいと訳し、そこから転じて武具の鎧の意味をも持たせるようになったのではないだろうか。カムィ・ユカラで、主人公が戦いのいでたちを整える時の表現でも、総称としてのハヨクペは用いられず、蓬髪を束ねて結い上げ、手甲をはめ、履物を履く、などこまごまと具体的に描写する。ハヨクペに身を包むという表現もあるが、実は物々しい防具ではなく、小袖を打ちかけている。

　このように、総じて、アィヌの人々には集団で戦う観念がなく、それらに関連することばは、時代が下るにしたがって、現実への対応として、説明的な複合語を作って間に合わせてきた、ということのようである。

　アィヌ語に、戦争に関連する基本的な単語がほとんどないことは、古い時代には弥生型の戦争がなかったこと、そして弥生型の戦争を知ってからも、カムィ・ユカラによってそれらを語り伝えようという意欲がなかったことを裏付けていると思われる。

Ⅵ-2　縄文型の戦いの伝承と弥生型の戦いの兆し

　Ⅵ-1で見たように、123編のカムィ・ユカラには、戦いのうち、弥

生型の戦いが伝承されていない。一方で戦いの描写を含むものは、全体の約四分の一の話題に及ぶ。戦いそのものが中心話題であるものも多い。アイヌ社会に長年にわたりたくさんの集団同士の戦争の歴史があるにもかかわらず、カムィ・ユカゥではなぜそれらが伝承されずに、個人的な悶着などの一対一の戦いの話題だけが伝承されてきたのか。途切れずに伝承されてきたものは、話の内容が人々に支持され、受け入れられ、次に伝えようという意欲を持たせるものであろう。伝承されているそれぞれのカムィ・ユカゥには、そうしたアイヌの人々の共感や支持や伝承への意欲を起させる何らかの共通点があって、戦いや争いの話題も、そのような共通点に支えられているはずである。Ⅶで具体的にみる。

Ⅶ　全123編の概観

123編のカムィ・ユカヲそれぞれに現われている
アイヌの人々の考え方と感じ方

　123編全体の特徴は、戦いの話題（Ⅵ）が多いということであった
が、もうひとつの特徴は、罪の種類によって罰に軽重があることを述
べたものが多いことである。この「罪と罰」に注目すると、主題の重
なりの少ない分類ができる。そこで、全123編について、Ⅳ－7に示
した分類に従って、ひとつひとつの話題に込められたアイヌの人々の
心と、縄文の心（Ⅱ）の名残の有無とを概観したい。Aは、罪や罰の話
題が主題ではないもの、Bは、罪の種類と罰の大きさが主題となって
いるものである。

A　罪や罰の話題が主題ではないもの
A1　起源、来歴、出自などにまつわる話（12編）

　アイヌの人々は、すべてのカムィには天与の姿と役割があり、それ
を恣意的に変えることは罰を受けるべき行為であると考えた。正体の
わからないものに関しては、その本来の姿と役割と存在理由を明らか
にしたいと思った。そのような動機から発した伝承は、全体の一割に
及ぶ。

A1－1：KY－33. セミが自分のことを謡い聞かせる。（岩山ヨネ、

1934. 8. 2) セミが夏に鳴くわけを説く話

　セミが夏にだけ鳴くわけを説明するいくつもの話の中で、この伝承は特異である。この説話では、海上の船団の根元・出自を知りたがること、その船団が、アイヌの恐れる疱瘡神一団であることをつきとめること、疱瘡神を退けるために行なう浜辺での儀式のこと、礼を尽くすとカムィたちは納得するものだということ、セミがその儀礼を実行したおかげで疱瘡神も退却したということなどが語られる。なぜ夏だけなのかということについては、セミが以前のこの事件のことを思い出して、夏になると心配のあまり鳴くのだと説明される。この1編には、アイヌの人々が共有している天災への対応などの心構えと方法が込められている。

A 1 － 2：KY－34. セミが自分のことを謡い聞かせる。(岩山ヨネ、1934.
8. 2) 天上のカムィたちの合議によって、セミが夏だけ人間界で鳴くことになったことを、アエオィナカムィ（アィヌラックル）がセミに伝える話

　あるときある村に、津波が押し寄せて、老婆一人が助かった。その老婆が、昼夜季節を問わず泣き喚く声に辟易したカムィたちが、老婆をセミに変えて、冬は天上のカムィの国で暮らすように、夏は人間の国で夜には眠って休むように計らった。そのことをアィヌラックルがセミに言い聞かせた。それでセミは、晴れた夏の昼にだけ鳴くようになったということを、もと老婆のセミが語る話。ここでは、セミというのは、カムィたちによって夏の昼だけに鳴くことに決められたカムィであるという知識の共有が図られている。夏にやかましいセミの鳴き声をも、何とか容認しようとしたアイヌの人々の心がうかがえる説明になっている。泣き喚く老女をセミに変える権限があるのは、天

上のカムィたち、それを伝言するのはアィヌラックル、人間にはどう
しようもないことの諦めを、アイヌの人々はこのように解釈して乗り
切っていた。これはあるがままを受け入れる縄文の心の為すところで
あろう。

　この一編には、アィヌラックル（半分カムィ・半分人間。オキクルミ）が
登場し、天上のカムィたちの合議の決定を伝言・仲介する。少し新し
い成立のカムィ・ユカラが好まれるようになってきたことを表してい
る。

Ａ１－３：ＫＹ－35．セミに知恵をつける話（二谷国松、1935. 4. 3）
セミの出自をある老人が解き明かしてセミを諭す話
　セミは、元はすぐれた巫女だったが、自らの予言に従わなかったた
めに、海からも山からも津波に襲われたあげく海上をさまよいながら
泣き喚いていたこと、辟易したカムィたちの合議によってセミに変え
られたこと、夏は人間界で暮らし冬はカムィの国で過ごすようになっ
たことなどを述べて、セミが夏にうるさく鳴くことを説明している。

Ａ１－４：Ｏ－13．オキクルミのカムィがセミに知恵をつける話。（二谷国松、
1936. 8. 7）　オキクルミのカムィがセミの本性を明かしてやって、説教する
話
　ＫＹ－34、35と内容は同じ。ＫＹ－35（1935. 4. 3）とＯ－13（1936.
8. 7）は、セミの出自を「私」が解き明かしてやり、Ｏ－13は、アィヌ
ラックル（オキクルミ）が解いて諭してやる。ＫＹ－35（Ａ１－3）とＯ－
13（Ａ１－4）とは伝承者が同じである。叙述時期の違いによって、内
容が違ってくることの例である。

セミが夏に鳴くわけを述べたカムィ・ユカㇻの中で、KY－33（A1－1）だけには、アィヌラックルが登場しない。他のものより古い成立の伝承であると考えられる。

A1－5：KY－82．叙述者不明（二谷国松、1950．12．23）　男女の墓標の役割の起源と、体が赤い鳥と黒い鳥の起源の話
　墓標は死者の魂が天に帰るときに、道中の案内をし、見守る役割をする。その墓標が天から下ろされて浜手と山手の草原に着いた。アエオィナ（アィヌラックル）のカムィはそれを見たが放置した。墓標は暴風雨にあって朽ちそうになった。カムィ手作りのものが朽ちては勿体ないので、男墓標の赤い布は自らウユィケチリ（ぶるぶる震える鳥、アカショウビン）に変身し、女墓標の黒い布は自らチㇷﾟタチカㇷﾟ（舟を彫る鳥、クマゲラ）に変身した。
　アィヌラックルを登場させたものの、不自然である。

A1－6：KY－83．叙述者不明（二谷国松、1950．8．24）
男女の墓標の起源と、全身赤い鳥と全身黒い鳥の起源の話
　KY－82と同じものを同じ伝承者が4ヶ月前に叙述したもので、サケへは同じである。このときは、墓標の役割の説明がない。また、後には男の墓標には赤布も黒布もつけず、女の墓標に黒布をつけるだけになったと述べている。アィヌラックルはこのときも不自然に登場している。カムィ・ユカㇻは、同じ説話を同じ人が叙述しても、そのつどかなり内容が変わるものであることがわかる例である。

A1－7：KY－84．言い伝えのカムィ・ユカㇻ（平目カレピア、1936．2．

21) ふたつの起源説明の話がつながっている。

①国造りのカムィ（コタン・カラ・カムィ）は、造り終えた国土に、善いカムィと悪いカムィそれぞれの住処をあてがった。山と海に住むカムィには、浜辺の板屋の壁に「姿を表して」指示した。それゆえこの世には、善悪のカムィが共存している。

②その後、男女の墓標が天から下ろされた。女の墓標に付いていた布は陸地に落ちて、自らチプタチカプ（舟を彫る鳥、クマゲラ）になり、木の部分はソコニ（臭い木、エゾニワトコ）になった。男の墓標に付いていた布は海に落ちて、自らメナスキ（ホオジロガモ）になり、木の部分はヤラペニ（カンボク）になった。ヤラペニは葬式に用い、ソコニはお祓いに用いる。

A1－8：KY－85. 言い伝えのカムィ・ユカラ。（平目カレピア、1936. 2.
21） 起源を説く話がふたつつながっている。

KY－84と同じものを同じ伝承者が同じ日に叙述したものである。

①国造りのカムィが国を造り終えてから、全土（川、沢、海、山）に善いカムィと悪いカムィとを配置するように「姿を表した」。この世に重いカムィと軽いカムィとが両方とも存在するのは、国造りのカムィがそのように造ったからである。

②その後、男女の墓標が天から下ろされた。男の墓標の材はヤラペニ（カンボク）で、女の墓標の材はソコニ（エゾニワトコ）であり、共に凶事に用いる。これらの墓標に付いていた黒や赤の布は、カムィが作ったものである。朽ち果てるのはもったいないので、自らチプタチカプ（クマゲラ）やメナスキ（ホオジロガモ）になった。

Ａ１−５からＡ１−８までの４話は、サケへが同じである。墓標の話はもとは同じ話だったのだろう。

　ＫＹ−84とＫＹ−85には、アィヌラックルは登場しない。話の本筋の違いはないが、描写や理由付けに精粗が見られる。伝承の途中で別の話がつながったものと考えられるが、口頭伝承では、伝承者の恣意的な変更はなかったとしても、このような付加とか脱落などは、よくあることだったのかもしれない。

　また、善いカムィと悪いカムィとの共存の理由として、国造りのカムィがそのような「姿を表した」（ノカ　ヌィェ）からだと述べられるが、Ｖ−１−１−aの⑥で触れたように、これを具象的な絵画や彫刻が施されたと解釈するのは適当でない。

Ａ１−９：ＫＹ−98．メナシンマッ（メナシの女）が物語る。（平賀エテノア、1932．10．3）　メナシの女がむずかる赤子に、先祖の話や毎年クジラが寄り上がることの由来を、子守歌に託して聞かせる話

　赤子の先祖は妻が先に死んで、残された子の養育に難儀する。ある日浜に出て、沖のカムィにその子を与えてしまうが後悔し、投身自殺しようとする。周囲のものが村おさの末娘を妻として添わせて、自殺をやめさせる。赤子を受け取った海のカムィからは、返礼として、毎年クジラが届けられるようになったという話。

　幸運であれ災難であれ、何事にも理由があるはずだと、縄文の心の持ち主は考えた。贈り物をして、いつかそのうち贈り物をもらうという形での物のやりとりを行なう社会ならではの、縄文の心があらわれた一編である。

A1－10：KY－100．シピチャルンクル（染退の村おさ）が物語る。（平賀エ
テノア、1932. 9. 1） 十勝川が不漁になって、代わりに染退川が豊漁になっ
たことと、染退川では毎年水死者が出ることとを結びつけて、その理由を河
童のせいにする話

　十勝川の大長者に婿入りした働き者の青年を、夢のお告げにした
がって追い出した。その青年が不漁、豊漁、水死事故の原因だとみな
したのである。その青年は自らミントゥチトノ（河童殿）であると素性
を明かして出て行ったが、水死者が出るのは、いわれのない仕打ちを
受けた青年の仕返しと受けとめていて、異形のものをありのままに受
け入れないと罰が当たるという考えが伺える。縄文の心が伝わってい
るように思われる一編である。

A1－11：KY－101．シピチャルンクル（染退の村おさ）が自分のことを謡い
聞かせる。（平目カレピア、1936. 3. 3）

　KY－100とはサケへも同じものを、約4年後に別の伝承者が叙述し
たものであるが、色々違う点がある。

　十勝川の河口の大長者が夢で、十勝川に魚が豊富なのは、長者の婿
であるシリサマィヌ（河童）というものが寄せ集めているからだが、こ
の婿は水辺の崖に住む恐るべきカムィであり、追い出さなければいず
れ村全体が危なくなると告げられる。長者が婿に出て行くように言う
と、婿は出て行く代わりに川の幸の半分をその魂もろとも持ち去ると
宣言してシピチャル（染退川）へと去っていった。やがて染退川には
魚がたくさんすむようになったが、それと共に水死者が絶えなくなっ
た。カムィたちが相談して、この魔物をさらにここからも追い出すこ
とにし、魔物が出て行くまではヤク（役、賦役。日本語。）を取られるか

ら、川には行くなと村人に伝える。やがて激しい山津波が下って、河口の舟を覆し、二人の女と一人の少年が水死した。カムィたちの予言通りになった、と説明する話である。

　ヤクとは日本語の賦役に由来することばで、江戸時代の場所や明治時代の戦争などに要員として取られることが、死を意味していたことをこのことばは伝えている。

　KY－100とKY－101とで一致している点は、水死者が出るのは河童という得体の知れない魔物が魚をもたらす代わりにヤクを取るからだという説明と、河童はシピチャルの悪いカムィどもと意気投合しているということである。災難の原因を、何としてでも知りたい人々は、何か得体の知れないものの仕業（水底の怪物・怪魚・雲のかなたの巨大な魔神など）のせいにしたカムィ・ユカラをたくさん残している。

　KY－100とはいくつか違う点がある。KY－100では、村おさの婿の河童殿の任務が述べられていない。KY－101では、婿は他の魔神と共に川に住んで、川の幸や山の幸を差配するものであると自任している。KY－100では、婿に非がないのに追い出すことを村おさはためらっているが、KY－101では婿を理由抜きに恐るべき悪者とみなしている。KY－100は、人々の不安や恐れを表している素朴な説話であるが、KY－101は、魚が多い川に人々が集まって水難事故が目立つようになってきて、その理由付けをしようという動機がいっそう強くあらわれている。同じ説話の少し新しい伝承と考えられる。

　河童のことを、人間はミントゥチと呼び、カムィたちはシリサマィヌと呼ぶとされる。河童のモデルはいくつかあるようである。ここでは、人間で、よそ者・流れ者のことではなかったのだろうか。

A1－12：O－14. 小アィヌラックルが自分のことを謡い聞かせる。（平賀エテノア、1932. 9）海からあがって山へ行こうとした男が、海に追い返される話

　小アィヌラックルは、浜辺の男が変身をくり返している元炉縁のタチウオであることを見抜いて追い返す。

　このタチウオは、村づくりのカムィが作った当初の姿である炉縁を、自分で勝手に変えて人間の姿になったことがいけないのである。変身を見破られると、偽りの姿と力とは失われる。タチウオは、まだ悪事を働いていなかったので、海に追い返される程度のこらしめですんでいる。V－2－2－bで詳しく述べたKY－102も、立ち木のカムィはその素性が知れて、偽の人間の姿を失って亡びるが、半分残っていた善心を認められて、イナゥをもらってカムィの国へ帰るのだった。

　素性を見破る話はたくさんあり、アイヌの人々に好まれる内容のひとつであった。変えない、変えてはいけない、という縄文の心が残っていればこその話題である。

A2　イヨマンテその他コタンの行事や、しきたりの意味や形式を教え、人々の倫理観が表現されているもの（9編）

A2－1：KY－6. 山のぬしのカムィが物語る。（平賀エテノア、1932. 9）山のぬしのカムィが狩人たちに獲られて、ホプニレ（クマの霊魂送り）をされ、妻や子もそれぞれあとから送られてくる話

　アイヌの人々のクマ狩猟の様子と、それに続く一連の作業と祭りまでのしきたりなどを、クマの側からの叙述として、詳細に示している。山でしとめた成獣は、カムィの姿に整えてホプニレ（クマの霊魂送り）の祭りを行い、幼獣は生け捕りにして、村で1〜2年育ててから

イヨマンテ（飼育クマ送り）の祭りを行なう。このKY－6では、雄クマを狩る細かな手順や様子や、ホプニレにいたる一部始終が、アイヌの人々の思い入れと共に、絵物語のように展開する。なにごともありのまま受け入れ、人間が勝手に変えないことが縄文の心の基本であった（Ⅰ－4－＊1）。この心の持ち主たちにとって、必要な食糧が枯渇せずに、いつも変わらずに存在することは、何よりも大切であった。その願いを形にしたのが、動物たちの魂を丁重に天に送り返して、再び地上に降りてきてくれるように祈る、さまざまな霊魂送りの儀礼であり、コタンの人々はこぞってその祭りを行うことに心を込め、力を尽くした。自然界における生物の再生がいつまでも繰り返されるようにと、人々は現代科学とは違った観点と手法とに基づいた、彼らなりに確信しているやり方で、実行し続けてきたのだった。ホプニレやイヨマンテといったクマの霊魂送り儀礼のカムィ・ユカゥは、そのことの理解を、コタンの老若男女が共有するための、大切な一方法であったと思われる。

A2－2：KY－7．子グマのカムィが物語る。（平賀エテノア、1932. 12. 28）イヨマンテをしてもらう子グマが、そこに至るいきさつを詳しく述べる話

　飼い主の留守中に粗末に扱われた子グマが逃げ出し、それを川上の村の長者が助けて大切に飼育した。その子グマがイヨマンテで祀られるまでの詳細を、子グマが物語る。

　このKY－7では、子グマを大切に育てることや、からだの弱ったものへの食餌の与え方の心得や、イヨマンテの準備を整えるために和人地へ交易に行くことなど、イヨマンテにいたる作業が詳しく説明され、KY－6と合わせて、クマ送りの全体像をコタンの人々が共有でき

る。

　この一編には、川上の村の長者の善意に対して何とか報いたい飼い主が、アシンペ（つぐない品）（V－1－1－a－②）を差し出そうとすることと、宝物が欲しくて子グマを助けたのではないからと言って長者が断った上、イヨマンテを手伝ってくれたこととが述べられていて、縄文の心があらわれている。アシンペは本来、自分のよくなかった行為を反省して許してもらう時に差し出す。それは、自分にとっての精神的な後ろ盾（交換できないもの）を失わせる、という罰を自らに課すことを形で示す行為である。

　イヨマンテは、和人との交易で得たものを独り占めにせず、コタンの人々と等しく分け合うための場であり、方法であったともいわれる。一方これは品物（交換できるもの、交易品）を提供することと、威信を高めること（交換できないはずのもの）とを交換することでもあった。交易（Ⅱ－5）という縄文の心から少しはずれた行為を、縄文の心によって完全に修正することは、もはや困難になってしまった時代の、相反する価値観を示しているように思われる。

Ａ2－3：KY－8．子グマのカムィが物語る。（平目カレピア、1936．1．30）

　KY－7に似た内容の話で、飼い主が交易に出ている間に、ひどい目にあった子グマが逃げ出し、あちこちに助けを求めるが、やっと栗の木のところで養ってもらう。交易から帰った飼い主が、子グマをいじめた下人たちを処罰した後、子グマのイヨマンテを行なう。

　この説話の特徴は、子グマの飼い主がアィヌラックルであることである。また、逃げた子グマが、実のなる山の木のうちでもクマの好物の栗の木のところで食いつないでいる様子が語られていることであ

る。イヨマンテの詳細などが述べられていないのは、人々にとって当
然の知識だからかもしれない。アィヌラックルがカムィ・ユカラに登場
することを期待するようになる、新しい時代の伝承のように思われる。

A2－4：KY－9. 子グマのカムィが物語る。（平賀エテノア、1932. 12.
24） 人間に育てられた子グマが天に帰るまでの話
　人間の養父が交易に出たあと、人間の養母は病気になり、召使いた
ちは世話をしなくなった。子グマは逃げ出し、山の木々を転々とし
て、やっとクルミの木のもとで一冬生き延びる。人間の養父が交易か
ら戻り、盛大なイヨマンテを行ない、子グマに一冬の食糧を与えたク
ルミの木にも、お礼の祭りをする。子グマは天に帰ってから、人間の
養父母に子どもを授ける。
　イヨマンテは、子グマを飼って、前もって交易に行ってくることの
できるほどには財力のある人が行なったのだろう。イヨルンクル（居
候）、スクミウタラ（下人）、ウッシゥ（召使い）などもかかえていたよう
であり、交易が円滑に行なわれていた時期の伝承のように思われる。

A2－5：KY－13. 子グマのカムィが物語る。（平賀エテノア、1932. 9.
21） 粗末なみやげと共に地上から天に帰されたカムィは、もう地上にみや
げを持って来ないから、ちゃんとしたみやげを持たせて送らなければいけ
ない、という教訓をふくむ話
　毛皮に傷のある子グマが人間に育てられて、チェホロカケプ（逆さ削
りのイナゥ）という短いイナゥを1本だけもらって、山の祖父のところ
に行かされる。祖父は、毛皮の傷が、ケナシウナラペという木原の魔
女の仕業であることに気づいて、人間の養父にそれを夢で知らせてか

ら、傷のある毛皮を脱がせる。人間の養父は遅ればせながら、子グマに持たせるみやげ物を整えて送ってよこし、祖父は子グマのために正式なイヨマンテをしてやる。

　ここには、子グマのイヨマンテには、酒やシト（団子）やイナゥなどをたくさん用意して持たせてやらなければ、子グマは天に帰っても貧しいカムィにされてしまう、だから毛皮や肉や熊の胆を持って再び人間を訪ねてくることができない、というアイヌの人々の考えが示されている。

　ケナシウナラペ（木原の魔女）のモデルが何かは、今なお定まっていない。コノハズクという説もあるが、この鳥は、動物を襲うフクロウの中では最も小さい（20センチ）。子グマを襲うかどうかはわからないが、襲えば毛皮に傷くらいはつけるかもしれない。

A2－6：KY－16.　小さいタヌキが物語る。（平賀エテノア、1932. 9. 6）クマの穴で一緒に冬眠していたモユク（モ・ユク、小さい・獲物。タヌキ）が、クマと共に獲られて、一緒にホプニレ（クマの霊送り）をしてもらう、その一部始終をタヌキが語る

　アイヌの人々は、山でクマの冬眠穴を見つけたときには、中にクマがいるかいないかを、穴の口の土が新しいか（いる）古いか（いない）で知る。また、クマが獲られるというのは、クマのほうから正装して出向くことだと考える。タヌキの巣穴は普段は林や藪だが、短い冬眠の時期には、クマの冬眠穴に同居することもある。そんな時、クマもタヌキも一緒に獲れると、狩人は両方とも山でカムィの姿にして村に運び、獲った人の経済力に応じたホプニレをする。ホプニレは、クマやタヌキが村へ来てくれたことを火の女神がねぎらうことから始ま

り、盛大な酒宴にいたる。ホプニレの様子は、Ａ２−２（KY-7）に詳しく述べられている。タヌキは、クマ、シカと共に重要な食料であった。本州以南でもタヌキは食べられていて、ダイコンやゴボウと共に味噌仕立てにしたタヌキ汁の名は、今でも知られている。

Ａ２−７：KY−19．小さなレプンカムィ（沖のカムィ、シャチ）が自分のことを謡い聞かせる。（平目カレピア、1936．2．19）
Ａ２−８：KY−20．小さなレプンカムィ（沖のカムィ、シャチ）が物語る。（平目カレピア、1936．1．28）

　小さいシャチのカムィは、オキクルミの妹が美しいといううわさを聞いて憧れ、海から川をさかのぼってその家を訪ねるが、会えずに海へ帰る。ある夜、オキクルミの妹が夢で、あの時はわざと見つからないように隠れていたのだと知らせ、シャチのカムィはシャチのカムィを妻とすべきであると諭す。小さいシャチのカムィはそのことばに従って、オキクルミの妹のことを忘れようと努めている、と身の上話をした。

　KY−19とKY−20とは、まったく同じ説話を同じ伝承者が3週間ほどの間を開けて叙述したものであるが、長さと語句とが違う。「立場の違うもの（シャチのカムィとオキクルミの妹）が夫婦になることは適当でない」というカムィ・ユカラによく見られる価値観に、小さなシャチのカムィが素直に従ったという主題はふたつとも同じである。どちらも、オキクルミが「宝物持ち」であることが常套句によって語られ、オキクルミがカムィ・ユカラに登場することを人々が期待するようになる時期の成立であると思われる。

A2－9：KY－32.　ニンニンケッポ（明滅するもの。ホタル）が自分のことを謡い聞かせる。（平目カレピア、1936.　1.　10）　ホタルが夫探しをする話

　ホタルが明滅しながら陸から海原に出て、一軒の家を訪ねると、両目が一ヶ所に寄った男が出てきた。嫌だったので、さらに海上でもう一軒を訪ねると、一本ひげの男が出てきた。嫌だったので、光りながらさらに海上を飛んで一軒の家を訪ねると、口の大きな男が出てきた。嫌だったので、さらに海上の一軒の家を訪ねると、美男が出てきて中に入れてくれた。それで、その男と夫婦になり、平穏な日々を送っている。

　第一の男は、カレイまたはヒラメ。第二の男は、下の口縁に一本ひげのあるマダラ。第三の男は、春から夏にかけて淡水にもさかのぼるスズキかもしれない。久保寺訳ではイトウとなっている。イトウは基本的には淡水魚であるが、降海するものもある。第四の男は、特徴が述べられていないので、何の魚のことかわからない。久保寺訳ではカジキマグロとなっている。

　ホタルのことを、地方によってはトムトムキキリ（ぴかぴか光る虫）と言う。北海道のホタルであるから、どちらもヘイケボタルのことである。

　この説話は、6月にヘイケボタルが出始めた頃に漁期を迎える魚の種類を、順次人々に知らせている。初めの3種類の魚は漁をするには時期尚早だ、ということを言っているのだろう。

A3　主人公が感謝されて格が上がる話（16編）

A3－1：KY－12.　山のぬしのカムィ（クマ）の娘が自分のことを謡い聞か

せる。(平賀エテノア、1932. 12. 24) 凶暴なヒグマのカムィを監視するために、山のぬしのカムィの娘が嫁す。そして夫のヒグマによって殺された兄弟のあだを討つ話

　私はヌプリケスンクル(ヌプリ・ケシ・ウン・クル、山・裾・の・者)という非常に悪い夫を見張りつつ、平凡な暮らしを続けている。夫は大飯食らいでいつも寝てばかりいるが、あるとき私の兄弟が差し入れてくれる食物を全部平らげてから外出した。私が父の家へと登っていくと、途中で兄弟が殺されていた。父の家では私の悪い夫が私の父母や姉を追い回していた。私は夫と戦って肉片にし、心臓の紐も全部切った。夫は六重の地獄へと落ちていき、兄弟たちは生き返って戻ってきた。その後私は両親と共に暮らし、兄弟が人間からもらってくる土産の酒、イナゥ、シト(団子)などで近隣のカムィたちをまねいては楽しんだ。私は格を高め、真に重いカムィと再婚した。

　アイヌの人々の考えでは、カムィにはサンペアッ(サンペ・アッ、心臓・紐)という心臓を保持する紐が6本あり、重い(格の高い)カムィになるとさらに金属の紐が6本あって、全部切れると死ぬというのである。このカムィ・ユカㇻでも、ヒグマのカムィは最後の1本を切られて死んで地獄に落ちる。紐の実体として、心臓につながる太い血管を考えている地方もある。動物の解体になれて、臓器に詳しい人々の知識に基づいたものであると言えるが、日本語の玉の緒(魂の緒)も、心臓が生死の要であるとの考えであったのだろう。

　このヒグマの決闘は一対一の戦いであり、道具(武器)を使わない。周りの者たちが加勢することのない、縄文型の戦いである。

A3-2：KY-31. イセポ（ウサギ）のトノ（殿、旦那）が物語る。（平目カレ ピア、1936. 9. 7）　ウサギが天災を予告して回り、人間に感謝される話

　ウサギがトキッポのカムィの伝言として、「山と海から津波が一緒に 来るから、高いところを選びながら逃げろ」と触れて回った。サマユ ンクルは村人を集めて、金持ちには身を隠せ、貧乏人には裾をまくっ てばたばたさせろ（魔物祓えのしぐさ）、と号令をかけた。

　憤慨したウサギがオキクルミのところで同じように伝言を述べると、 オキクルミは村人と共にウサギを拝んで高所に避難した。やがて山と 海から津波がおそって、サマユンクルの村は全滅した。助かったオキ クルミがウサギに感謝して祀ってくれ、ウサギは格が高くなった。

　トキッポのカムィが津波を予見して、それをウサギが触れて回るの であるが、トキッポは久保寺訳ではカスイドリとなっていて、学名が 注記してある。カスイドリ（蚊すい鳥）はヨタカのことであるが、ヨ タカはクイナに似て、キョキョキョキョ……と連続して鳴く。幽霊鳥 として嫌うコタンもあるという。むしろ、オットットーとかブットッ トーと聞きなされるコノハズクのほうがトキッポに音が近く、無理が ないのではないか。コノハズクはウサギの天敵であるフクロウの仲間 だが、大きさがムクドリほど（20センチ）しかない。イセポは北海道に すむノウサギの総称で、エゾユキウサギならカイウサギよりやや大き めである。

　大地震のときは、海からも山からも津波が押し寄せる。津波の予兆 に気を配り、迅速に避難することの大切さを伝える話や、予告をまじ めに受け取って助かった人々から、予告したものが感謝されて格が上 がる話は、このほかにもたくさんある。

A３−３：KY−46.　老いたカパチリ（ワシ）が物語る。（平賀エテノア、1932. 9. 28）老いたワシが心がけのよい女たちに海幸山幸を約束する話

　キ（虫）にたかられたワシが、つまみ出してくれと頼む。二人の女が怖がって断った。ワシは怒って、彼女らはカラスの夫とネズミの夫をもつようになると予言して懲らしめた。次に来た二人の女は、丁寧につまみ出してくれた。ありがたく思ったワシは、彼女らはシャチの夫とクマの夫を持つようになると言う。その通りになった女たちは、ワシが老いるまで、お礼にクマの肉やクジラの肉を持ってきてくれたと老ワシが語る。

　すべて存在するものをカムィと呼んで対等なものと考えるのが、縄文の心であり、カムィの軽重は何らかの視点によってそのつど判断すると言うのがアイヌの人々の考え方であった。たとえば、小鳥より猛獣のほうがいつも重いカムィなのではない。このカムィ・ユカㇻでは、クマ肉をもたらすクマとクジラ肉をもたらすシャチとが、倉庫を荒らすネズミや獲物を横取りするカラスに比べて重いとされている。別のカムィ・ユカㇻでは、クマの中にも悪者がいて地獄に落ちるものもあれば、シャチの女神であってもリスに姿を変えられるものもある。

　カパチリはオオワシのことであり、カパッチリ（カパㇻ・チリ、薄い・鳥）ともいう。アイヌ語のカパㇻは、すべての辞書の語義で「薄い」となっているが、用例を見ると、いずれも上等なものや、きれいなものや、立派なものについての表現に用いられていて、薄い、軽い、それゆえ上等であるということである。オオワシのカパチリも、他の鳥より一段格上の鳥であるという意味を込めた名称であると思われる。ちなみにオオワシと同じように、大きな黄色いくちばしを持つ、北太平洋を周回して渡るワシとしては、シチカㇷ゚（シ・チカㇷ゚、本当の・鳥）と

言われるオジロワシがある。オオワシもオジロワシも和人との交易によって尾羽を取るための獲物になってしまったが、古くから、畏怖の対象になっていたのではないか。北海道にも迷鳥として飛来する可能性のあるハクトウワシも、大きな黄色いくちばしを持ち、アメリカ合衆国のシンボルである。この3種は翼を広げると2メートルになる。アイヌの人々はこの大きくて目立つ黄色いくちばしの巨大な猛禽類を、特別な目で見ていたと思われる。カムィ・ユカゥに登場するフリは、おそらくこれらのワシの総称だったのだろう。

　このカムィ・ユカゥでは冒頭に、ワシにキがたかっている、とあるが、キの実体は何か。久保寺訳では、古事記の「スサノオノミコトがその娘のスセリビメをオオクニヌシノミコトに与える試練のくだり」にひきつけて、シラミ（ヒトジラミ）またはハムシであるとの解釈である。ヒトジラミは哺乳類に寄生して血液を吸うが、鳥類にはつかない。鳥類にはハジラミがつき、たとえばニワトリハジラミは鳥類の羽毛の間に寄生して羽毛や皮膚をかじるが、血液は吸わない。ワシなど各種の野鳥には、それぞれ特有のハジラミが寄生する。アイヌの人々の観察眼の鋭さを示している一編である。

A3－4：KY－47. カララッ（ハシボソガラス）のトノ（旦那）が物語る。（平賀エテノア、1932. 10. 28）　目立たなかったカララッのトノがかくし芸のおかげで注目されるようになったという話

　カララッ（ハシボソガラス）は天のカムィの国に住んでいたが、酒宴にも招かれず、いつもうらやましく思っていた。そこで自らの慰みに踊りを踊ると、片手からドングリ、もう一方からはクリの実がこぼれ落ちた。やがてこのことが知れて、酒宴にも招かれるようになり、こ

のかくし芸のおかげで他のカムィたちを喜ばせることができ、おおいに格が上がって楽しく暮らすようになった。

　後述するKY－44（A7－3）（平目カレピア伝承）と似たところがあるが、簡単、素朴、のどかな内容であり、仲間はずれにしない、どのカムィも平等である、ということが当然であった、縄文の心が残っている、古い時期の成立かもしれない。KY－44は、カケスが踊ると木の実が落ちると言う話で、カケスが木の実を蓄えたり掘り出したりする習性をよくとらえているが、このKY－47ではハシボソガラスのトノが踊ると木の実が落ちる。ハシボソガラスは木の実などをよく食べる鳥ではあるが、アイヌの人々はそこまで細かく観察していたのだろうか。

　KY－47の表題（カララットノ　イソィタク）の久保寺訳は、「嘴細烏（川鴉）の自叙」で、カワガラスの女神の話として紹介してある。全長50センチのハシボソガラスは磯のカラスといわれることはあっても、カワガラスという異称はない。カワガラスは20センチほどで、別種の清流の鳥である。トノは和人の男性（殿）由来のことばである。

A3－5：KY－49．カッケン（カワガラス）のトノ（旦那）が物語る。（平目カレピア、1936．2．28）カワガラスが津波の予告をして、村人が助かった話

　カワガラスのトノが川を下って、「高いところはカクンカクン、地面の上は水浸し水浸し」と鳴きながら、サマユンクルのイナゥチパ（祭壇）のところに止まって、津波の襲来を予告した。サマユンクルはカワガラスを化け物呼ばわりして、村人の長者にも貧者にも裾をまくってばたばたさせろ（魔よけの行動）と言った。村人がその通りにしたので、侮辱されたカワガラスは腹を立て、オキクルミのカムィのところ

に行く。オキクルミはカワガラスにイナゥや宝物を供えて拝む。やがて夏の豪雨があり、海と山の津波が来る。オキクルミは村人と共に高台に避難して助かり、サマユンクルは村びと共に沖へ流されて全滅する。人間の長者であるオキクルミはカワガラスに感謝して丁寧に祀ったので、カワガラスは格を高めた。

　この話の海と山の津波は、夏の豪雨の後に起こっている。高潮の害と土石流で中・下流の被害が大きい大災害のことを言っているのだろう。「地面の上は水浸し水浸し」と対になっている「高いところはカクンカクン」という句のカクンがわからない。対句であるので、水が無いとか乾いている状態を表すことばであろう。

　カッケントノ（カワガラスの旦那）が「川伝いに鳴きながら下る」とか、「尻尾を上げたり下げたりする」という描写は、カワガラスの特徴をよくとらえている。久保寺訳の嘴細烏とは別の鳥である。

　オキクルミとサマユンクルとが共に登場して、いつもオキクルミがカムィの言うことを聞いて成功する多くの話のひとつであり、かなり新しい成立であろう。

Ａ３－６：ＫＹ－50．カッケントノ（カワガラスの旦那）が物語る。（平賀エテノア、1932．10．3）カワガラスが津波を予告して村人を救った話

　ＫＹ－49と話の大筋は一見そっくりで、同一の説話の異伝として扱われているが、大きな違いがあり、ＫＹ－49とは別の大災害の伝承と考えられる。

　①カワガラスが触れて回ることばが違う。「高いところは水浸し水
　　浸し」「低いところはカクンカクン」という対句は、ＫＹ－49の文
　　句と正反対のことを言っている。

②KY－50では、KY－49での夏の長期豪雨のような津波の前兆が
述べられていない。

③低いところに避難した人は、海の津波が来た時に助かっている。

④高いところに逃げた人は、山津波に流されてしまっている。

KY－50の①の対句は、伝承者の思い違いとみなされてきた。しか
し、①～④を総合すると、KY－50は地震にともなう津波と山崩れの
特徴をよく捉えていて、何はともあれ迅速に、少しでもましなところ
に避難すべきであるという教訓であり、KY－49とは違う災害の伝承
であると判断できる。

アイヌの人々が恐れたさまざまな天災は、カムィ・ユカㇻの主要な
話題である。海と山の津波にまつわる話も、高潮の起こる原因や、津
波の起こる原因を知らなくても、状況を正しく把握して、それらへの
備えと対処とを人々に周知させる動機で成立したのであろう。KY－
49もKY－50も、採録の時点で、伝承者はそれぞれもとの形のまま伝
えていて、大災害の事実を伝える役割が確実に残っている。しかし、
時が経ち、伝承者が変わり、人々の理解や関心の置き所が移っていく
と、オキクルミとサマユンクルとを対比させる話のひとつのようになっ
て、伝承の本来の意味は消失する。

A３－７：KY－55. ケソラプのカムィが自分のことを謡って聞かせる。(二谷
国松、1935. 4) ケソラプのカムィが、心がけのよい貧乏人を裕福にする話

ケソラプのカムィが「銀のしずくが降る降る、金のしずくが降る降
る」とさえずりながら、コタンの上を飛んで行き、長者の息子の矢を
かわして、貧乏人の子の矢を受け取ってやる。貧乏人の子はイナゥを

削って丁重にケソラプの魂を天に送り、おかげで成長するにつれて裕福になる。ケソラプのカムィも格を高める。

　ケソラプは、ケシ・オ・ラプ、斑模様・ある・羽であり斑文鳥と訳され、今日までずっとクジャク、キジ、ヤマドリなどと解釈されている。アイヌの人々の自然を見る目は確かである。現代日本人が理解できないことがらや事物や見方を、ただちに「空想の産物」とみなして思いつきの解釈をすべきではない。再検討の必要なことばやことがらはたくさんあるが、ケソラプもそのひとつである。

　KY－54からKY－58までの5話において、ケソラプがどのような鳥であるのか、その描写を見てみよう。

　KY－54：ケソラプは樺太（サハリン）の国に村づくりしている。遠いシシリムカ（北海道の沙流）まで飛んでいくことができる。明らかに、クジャク、キジ、ヤマドリではない。

　KY－55：ケソラプは矢をたくみに避けながら、上空を飛んでいる。クジャク、キジ、ヤマドリにはできない動作である。子供らが「重いカムィ」（フクロウ）であると認識している。ケソラプは、高速の矢を受け止める。物の動きに敏感に対応する種類の鳥であることがわかる。

　KY－56：ケソラプは金属を叩くと聞こえるようなさえずりをする。クジャク、キジ、ヤマドリなどのけたたましい鳴き声の形容ではない。大人も「重いカムィ」（フクロウ）であると認識している。ケソラプは、大きな木の梢に止まる。

　KY－57：ケソラプは天のカムィの国に住んでいる。そこから人間の国土の川辺に降り立つ。南方系のクジャクや里山辺の草地にいるキジやヤマドリとは行動が異なる。

　KY－58：ケソラプのカムィは天から沙流川水源の霊山中腹に降り、

エゾマツの下枝を爪でわしづかみにして止まる。

　これら5話におけるケソラプの生態や行動に矛盾しない鳥としては、フクロウ、それもシロフクロウが浮かび上がる。

　ケソラプは他の資料にも登場する。

①オアイヌオルシクル自演の神謡（知里、説話・神謡編Ⅰ、p. 226）

　　銀のエゾマツの頂上に、白いケソラプが、2羽のケソラプのひなを育てていた、とある。

②本稿資料p. 15。久保寺採録の英雄詞曲「虎杖丸の曲」には、カネサンタの女の卜占のことばとして、黄金のケソラプが上空からまっしぐらに村里に降りてまた去る様が述べられている。大きくて真っ白な鳥が高速で飛ぶ姿なら黄金色に見えたことだろう。

A3−8：KY−56．ケソラプのカムィが物語る。（平賀エテノア、1935．12. 30）　ケソラプのカムィが、宝物をとられて貧乏になった者に同情して、裕福にしてやる話

　川下には成り上がり者が住み、川上には宝物を取られて貧しくなった昔の長者が住んでいる。ケソラプは、成り上がり者の放つ矢をかわして川上に行って、貧者の粗末な矢を受け取ってやる。貧者はケソラプを丁重に祀り、ケソラプは自分の「雄弁の力」を貧者に与える。貧者はその雄弁の力によって、自分の宝物を取り返すことができ、元通りの長者になる。ケソラプも格を高める。

　ケソラプは、長者が良くて貧者が悪いと決めているのではなく、どのような経緯で成り上がったのか、どうして貧者になったのかということを問題にしている。縄文の心がまだ残っている時期に成立したカムィ・ユカゥであるように思われる。

A3－9：KY－57．ケソラプのカムィが物語る。（平目カレピア、1936. 2.
5）　ケソラプのカムィが疱瘡神の襲来をオキクルミに知らせて感謝される話

　ケソラプのカムィが川辺の沃地で休んでいて、疱瘡神の船団が漕ぎ
寄せてくるのに気づく。オキクルミに知らせると、オキクルミは草人
形のカムィを作り、船団に向けて浜に立てた。海上での激しい戦いの
のち、オキクルミは疱瘡神らに勝利する。ケソラプは感謝され、祀っ
てもらうようになる。

　この説話は、災害を予告した者が感謝される類話の中では、成立が
新しいと考えられる。

　①オキクルミが登場する。

　②オキクルミが草人形のカムィの軍団をつくって、それらを疱瘡神
　　の軍団と集団同士の弥生型の戦いに挑ませている。

　人々がカムィ・ユカラにオキクルミを登場させたくなってきた時期
の、弥生の心が表面化した説話のひとつと言える。

A3－10：KY－58．ケソラプのカムィが自分のことを謡い聞かせる。（平賀
エテノア、1932. 8. 31）　ケソラプのカムィ（女神）が人間界を見物に行
き、疱瘡神の船団を見つける。カムィは神風を起してこれを追い払い、村お
さのオキクルミに感謝される話

　ケソラプのカムィが人間の国を見物に行く。沙流川の中腹でエゾマ
ツの幹の中ほどの枝をわしづかみにしつつ眺めると、はるか海上から
疫病の船団が押し寄せてきている。そこでカムィはカムィの風（神風）
を起して、海には大波を、陸には豪雨と山津波とを起す。海上の船
団は波にのまれて退却し、村は疫病から守られる。天のカムィの国へ
帰ったケソラプのもとに、人間の長者であるオキクルミから、感謝の

酒が届く。ケソラブの夫は酒をたくさんに増やして、カムィたちを招待する。妻のケソラブは格を高める。

　KY－57とKY－58とは、ケソラブのおかげで人間の村が疱瘡神の攻撃を免れ、オキクルミから感謝され、自身の格が高まるという部分はおなじであるが、違う点がいくつかある。

①KY－57では、疱瘡神を退けるのは、オキクルミの作った草人形の手兵であった。KY－58では、ケソラブが神風を起し、海の暴風雨（し̣け̣）と陸の山津波によって疫病を退却させて人間の村を守る。

②KY－57では、疱瘡神の弟と飢饉魔の弟とが生き残るが、あとは全滅する。KY－58では、疱瘡船団は退却してよそ（沖の国）へ行く。

③KY－57では、オキクルミが酒をかもしてケソラブを礼拝し、ケソラブは格を高めたと短く述べ、全体の半分をサケへが占めている。KY－58では、オキクルミは人間の村の長者であること、人間の感謝を天のケソラブに伝えるのが、火の女神の使者である削りかけつきの捧酒箸であることなどが述べられ、ケソラブの旅行のいでたちや、嵐のありさま、伝言の内容や酒宴の様子などすべての描写が細かい。

④KY－57は、サケへを聴かせることに重きがあったのかも知れず、他に例がなく珍しい。KY－58は、災害の予兆があっても大過なくやり過ごすことができたときは、そのこと自体に感謝すべきであると言い伝えているのであろう。

　KY－57とKY－58とを比べると、KY－58のほうが少し古い成立の

ようである。

A3－11：KY－73．家のぬし（守護神）が物語る。（平目カレピア、1936.
2．5）オキクルミが雲のかなたの大魔神にお守りを奪われるが、家の守護神
が奪い返してやる話

　オキクルミが悲観して寝込んでいる。原因は、オキクルミの守り神
を雲のかなたの魔神が奪ったためだということを知った家の守護神
が、雲のかなたに出かけ、魔神を地獄に落としてお守りを奪い返して
きて、もとどおり宝壇においてやる。夢によって一部始終を知ったオ
キクルミは、新たにイナゥを削って、その削り花の中に家の守護神を
包んで感謝し、丁重に祀る。

　オキクルミのアィヌラックル（人間臭いカムィ）としての一面を表して
いる説話である。

A3－12：KY－74．ハシナゥ（ハシ・イナゥ、小枝・幣）（枝幣）を持つカムィ
（狩猟の女神）が物語る。（平村カヌンモレ、1935．12．30）　狩猟の女神がオ
キクルミの訴えに応えて、人間の村の飢饉を救う話

　人間が鹿や魚を獲っても粗末に扱うので腹を立てた天のカムィたち
が、鹿も魚も地上に下ろさなくなって、人間の村が飢饉になる。オ
キクルミから人間の村を救うように頼まれた狩猟の女神が、カムィた
ちを招いて酒の席で踊って見せて、鹿や魚を司るカムィたちをなだめ
ると、人間界に再び鹿も魚もあふれるようになる。以来人間は改心し
て、獲物を丁重にカムィの国へ送る。狩猟の女神は感謝されて、格を
高める。

　不漁の原因をこのように理解することによって、緩みかけた作法や

しきたりの引き締めを、人々自ら図っていたのだろう。オキクルミは名だけが出てくる程度の時期の伝承だと思われる。

A3－13：KY－75．ハシナゥ（枝幣）を持つカムィ（狩猟の女神）が物語る。（二谷国松、1935．4）人間のコタンの飢饉を、狩猟の女神が救って感謝され、格を高める話

　KY－74（A3－12）との違いは、鹿や魚がいなくなった飢饉の原因は、大魔神が川にテシ（網代）を仕掛けているからだとすることと、人間界の窮状を訴えるオキクルミのことばを伝えるものが、二度来る（初めは捧酒箸、次にヤマガラ）ことなどいくつかある。鹿や魚がいなくなったことの原因を正体不明の魔物のせいにしており、人間の無礼や不届きを戒める内容がなくなっている。

A3－14：KY－79．大空を持つカムィが自分のことを謡い聞かせる。（平目カレピア、1936．2．21）　自分のせいでオキクルミが恋患いしていることを知らされた大空を守護するカムィが、オキクルミの夢枕に立って、おのおのの使命を果たそうと諭す話

　大空を守護するカムィが人間界を見物しに降りてくる。人間の村おさとしての使命を与えられているオキクルミが一目惚れして、死にそうになる。カムィは、それぞれの分をわきまえるよう諭す。オキクルミは納得し、忠告に従って、カムィたちの起源の話を人間の国土に広めるなどして、富み栄える。オキクルミは大空のカムィを丁重に祀り、このカムィはいっそう格を高める。

　ここにはカムィ・ユカゥでよく述べられるいくつかの考え方が見える。

　①オキクルミはカムィである一方、人間の男性である。

②大空を持つカムィは大空を守護する女神である。

③オキクルミは人間の村を守護するために天から地上に下ろされている。

④役割と立場が違うものの夫婦は適当でない。

⑤自分の使命を全うするものは報われて、平穏に豊かに生きられる。

⑥カムィ・ユカラでは、この世には善いカムィと悪いカムィとが共存しているということを何らかの物体の上に表現するのであるが、このKY－79では、エトゥヌプ（エトゥ・ヌ・プ、鼻・を持つ・もの）（片口）の両面に善いカムィと悪いカムィの姿が表されている。

オキクルミが大空のカムィのことばに素直に従うところが、素朴な内容と言える。

オキクルミの寝込んでいる様子を大空のカムィに知らせて注意を促すのは、くちばしが赤く、脚も赤い鳥である。カムィ・ユカラにはくちばしと脚とが共に赤い鳥がよく登場する。エトピリカ（アイヌ語のエトゥ・ピリカ、そのくちばし・美しい）であろう。全身赤い鳥は、ウユイケチリ（震える鳥）とも言うが、ふるえるような鳴き声のアカショウビンである。脚が赤くくちばしが黒い鳥は、ケイマフリ（アイヌ語のケマ・フレ、その脚・赤い）であろう。

A3－15：KY－81．ペトルシマッ（ペッ・オロ・ウシ・マッ、川・に・鎮座する・女神）のカムィが物語る。（平賀エテノア、1932．9．19）水の女神がオキクルミの頼みに応えて、人間の村の飢饉を救う話

オキクルミが、人間の村の飢饉を救ってくれるよう、捧酒箸と酒盃

とを遣わして水の女神に頼む。水を司る女神は酒を増やして、鹿を司るカムィ、魚を司るカムィ、その他もろもろのカムィを招いて酒宴を催す。川口の瀬の女神と協力して、鹿や魚の倉を開いて人間界に下ろしてやり、オキクルミには、人間どもの不敬が飢饉の原因であることを教え、今後はオキクルミがよろしく監督して、村人を代表してカムィたちに詫び、川口の瀬の女神にも礼をするように言う。やがて正しい作法で鹿や魚が天に帰ってくるようになり、水の女神は皆から感謝され、祀られ、格を高める。

　狩猟・漁労の作法が乱れてくると、このようなカムィ・ユカㇻによって、コタンの人々の心の引き締めを図ったのだろう。ＫＹ－75（Ａ３－13）のような、飢饉の原因を正体不明の魔物のせいにする話よりは、少し前の成立だと思われる。

Ａ３－16：Ｏ－２．アエオィナカムィ（アィヌラックル）が物語る。（平賀トゥモンテ、1932．8．14）　アィヌラックルが飢饉魔のオオアメマスを退治して人間たちから感謝される話

　アィヌラックルが飢饉魔の住処の沼に出向いて退治する。以前オオアメマスと戦いはしたものの死んでしまったたくさんのカムィを生き返らせて、次に何をなすべきかを思案しつつ沼の縁をゆすると、山津波が起こり、育ての姉にたしなめられる。反省して帰宅後は平穏に暮らしていると、人間たちが感謝して、酒やイナゥなどを届けてくれるので、格が上がる。

　アィヌラックル（オキクルミ）が登場するカムィ・ユカㇻは、次第にオキクルミ中心の人間模様や、オキクルミの武勇伝のような内容に移っていき、カムィ・ユカㇻによるアイヌ語の継承や、文化共有の意味の

比重が小さくなっていくように思われる。

　飢饉魔とされるものはいくつかある。この説話のオオアメマスは陸封型イワナ（エゾイワナ）のことと思われるが、なぜ飢饉魔なのかがわからない。

A4　善行や善心へのねぎらい（5編）

A4－1：KY－40．フレトッコニ（赤いマムシ）が自分について謡い聞かせる。（平目カレピア、1936．2．19）　赤いマムシが悪いクマを殺して、オキクルミを助ける話

　オキクルミが赤いマムシの近くまで逃げてきて、悪いクマに追われているから助けてくれと頼む。マムシはクマを締めつけて砕き殺す。オキクルミがマムシを拝んで、魔神用のイナゥを供えてくれたので、マムシは格が上がる。

　オキクルミが登場する。この世には当初から善いカムィと悪いカムィがいて、たとえマムシのような悪いカムィであっても、オキクルミを助けたという善行によってイナゥをもらうことができる（祀ってもらえる）、という考えを示す説話のひとつである。

A4－2：KY－43．エヌンノヤ（ヤマガラ）が物語る。（平目カレピア、1936．3．19）ヤマガラが悪いクマを退治して、人間から感謝される話

　シシリムカ（沙流川）の水源に悪いクマがいて、人が近づくと殺してしまうといううわさを聞いていたヤマガラが、そのクマとたたかって、目をつぶして退治する。人々は感謝して、ヤマガラが人家に入って食物をついばむことを許す。

　ヤマガラはシジュウカラの仲間であるが群れにはならず、番いない

し単独で通年暮らす。大きな獲物を脚で押さえて、鋭いくちばしでつついて食べる行動を、よくとらえている。

A4－3：KY－69. 古い舟のカムィが物語る。（平賀エテノア、1932. 8. 31）

　一般的な解釈に基づけば、この話は、オキクルミとサマユンクルの対比の話である。あらすじは、空知川の滝口の上に立つ大木を、サマユンクルが舟材として伐ろうとするが、無作法なので、この立ち木のカムィは伐られないようにする。次にオキクルミが来て、礼を尽くして伐り倒し、舟に造る。オキクルミはこの舟で交易に行って帰る。舟は浜辺に置かれたまま、息子の代になる。息子（小オキクルミ）はこの舟を手入れして、交易に出るが、帰途、嵐にあい、舟は砕ける。小オキクルミが古い舟の破片にイナゥや交易で得たものを供えて労をねぎらい霊送りしてくれた、と古い舟が語る。

　KY－69は、三つの挿話からなっている。

　①立ち木のカムィが伐られ、舟に造られ、川口に下ろされるまでの話。

　②舟になった立ち木のカムィとオキクルミが、和人との交易に行って帰り、息子の代になるまでの話。

　③手入れされたその舟がオキクルミの息子（小オキクルミ）と交易に行って、帰りつく直前に難破し、小オキクルミが古舟をねぎらって、神の国へ送り帰す話。

　①の挿話は、よくあるオキクルミとサマユンクルとを対比させる話のひとつにすぎないようにも見える。しかし、この部分、立ち木のカムィが硬い肉を出して伐られないようにする、柔らかい肉を出して

喜んで伐られる、という対応を、他の話で置き換えるわけにはいかない。と言うのも、この部分は、アイヌの人々が舟を造るときの、基本的な心得を教えているからである。

　熱帯雨林の樹木の年輪は、同心円状であるが、北海道の大木の年輪は、成長の遅い北側が密で、硬く、重い。南側は粗で、柔らかく、軽い。当然、年輪の密な側が丸木舟の底になるように作るのだが、船にする木を見て、どこが柔らかいかをまず見極める、という初歩的な知識もないまま、サマユンクルがやみくもに伐りつけたことに対して、立ち木のカムィが、それでは駄目だよ、と態度で示したのである。

　建造した舟を滝つぼに下ろして川口まで運ぶやり方なども、聞き手の誰もが心得ているわけではないだろうが、このようなカムィ・ユカ ラをたびたび聞くことによって、知識が得られるはずである。

　KY－69は、アイヌ社会で丸木舟造りが継承されるべき重要な伝統技術であり、交易も順調に行なわれていた時期に成立したものと考えられる。

　KY－69の①②はKY―70に、KY－69の③はKY－71となって、別の伝承者によって伝えられているが、KY－69の①が独立の説話になっているかどうかはわからなかった。

A4－4：KY－70.　海の舟のカムィが物語る。（平目カレピア、1936. 1. 30）（KY－69の①から②までの部分）

　前半はサマユンクルの非礼とオキクルミの礼との対比。後半は、オキクルミが空知川の滝上の大木で造った舟で交易に行って帰り、舟の労をねぎらい、舟は海の舟のカムィとして格を高める話。

A4-5：KY-71．老いた舟の女神が物語る。（平目カレピア、1936．1．30）（KY-69の③が独立したもの）

　小オキクルミ（先代オキクルミの息子）が、父の造った古い船を手入れして、それで交易に行く。帰途難破するが、舟の破片をイナゥと供物で丁重に祀って、舟魂を天に送り、舟はカムィの国で格を高める。

　KY-70とKY-71は、同一の伝承者が同じ日に語ったものである。伝承者としては、KY-70の後日譚がKY-71、という意識だったと思われる。この伝承者は、舟造りや舟下ろしのことには、あまり関心がなかったようでもある。

　KY-69は一編553行で描写がとても細かいが、KY-70とKY-71は合わせて256行である。伝承者の関心の置き所のちがいが現われている例である。

A5　失敗談・自慢話（6編）

A5-1：KY-2．イセポトノ（ウサギの旦那）が自分のことを謡い聞かせる。（平賀エテノア、1932．10．7）

　ウサギがシャチの子にだまされて、あやうく「本物の心臓」を取られそうになる。ウサギはとっさに、今もっているのはおもちゃの心臓で役に立たない物だから、家においてある本物の心臓を取りに帰るとだまし返して、難を逃れるという話。

　KY-2は、単なる「だましあい」においてウサギに軍配が上がった話、のように理解すると、世界によくあるおとぎ話の一種になってしまう。

　ここで大切なのは、ウサギが取られずにすんだのが、シノ（真の）・サンペ（心臓）、「本物の心臓」だということである。心臓は、他者がた

とえ奪ったとしても、その者の持ち物にすることのできないもの、交換できないもの、奪うことが無意味なもの（Ⅱ-2）のひとつである。だから、取られそうになったものが本物の心臓でなければ、このカムイ・ユカラでウサギが勝った本当の意味はわからない。このカムイ・ユカラはおとぎ話の形をとっているが、縄文の心が明確に息づいている。

A5-2：KY-3. イセポトノ（ウサギの旦那）が物語る。（平目カレピア、1936．2．23）（KY-2の異伝とされる）

　主人公はKY-2と同じようにウサギであるが、脇役はそれぞれ違っている。何よりもの違いは、ウサギが取られそうになるのが、心臓ではなく肉だというところであり、このカムイ・ユカラには縄文の心は見られない。

A5-3：KY-24. 目の悪いキツネが自分のことを謡い聞かせる。（平目カレピア、1936．4．7）

　視力の衰えたキツネが、歩いている途中で見かけたものを見誤り、早合点して対応する。間違いに気づいては自嘲することを繰り返しているうちに、仕掛け弓にかかって死んでしまう。仕掛けた人間は、つまらないものが掛かったと言いつつ、イナゥキケ（削り花）をひとつ付けてくれたので、キツネはカムイの国へ帰ることができる。

　目の悪いキツネがさまざまなものを見誤って対応する前半の部分は、知里幸恵の『アイヌ神謡集』の第2話でも、「トワトワト」というサケヘで謡われていて、のどかでほほえましい説話のひとつである。

A5－4：KY－26. エサマントノ（カワウソの旦那）が自分のことを謡い聞か
せる。（平目カレピア、1936. 2. 19）

　カワウソが海漁に出るために、刀を砥ぎすまして持って出る。海上
でショキナ（シ・オキナ、真の・翁、大きなクジラのこと）を見つけて、銛
を打ち込んだところまではよかったが、逆に引きずりまわされて難儀
する。カムィたちに助けを求めても無視された後、アヨロ岳のカムィ
がやっとクジラを陸に引き上げてくれる。そしてカワウソが刀を持っ
ているにもかかわらず、それを忘れて用いなかった愚かさにカムィた
ちが立腹したのだと教えて叱ったという話である。

　アイヌ社会では、カワウソの頭骨を用いる卜占を、エ・サマン・キ
（それで・魔術・〜をする）といったことから、エサマンがカワウソの
意味になったのではないかといわれる。北海道のカワウソはすでに絶
滅したらしい。かつては、このイタチ科の哺乳類は全国各地にいたの
で、古くから、「獺祭」などさまざまな俗説が生まれ、河童のモデルと
も考えられている。

　カワウソの天与の使命がどのようなものであったのか、それを述べ
たカムィ・ユカラは、この資料の中には見られなかったが、忘れっぽ
いという俗説に納得してその失敗を笑う人々の心が、このような説話
を伝承させたのだろう。

A5－5：KY－30. イセポトノ（ウサギの旦那）が物語る。（平賀エテノア、
1932. 10. 3）

　ウサギが穀物のカムィのところに押しかけて、亭主気取りである。
出された薄手作りの上等な膳には、調理してない生のヒエがのせてあ
る。怒ったウサギは膳を投げつけて家に戻り、穀物の女神の戒めであ

ることに気づき、眷族を諭す。

　穀物は調理するものであるとか、ウサギなどの野生動物に食い荒らされないようにするとかのコタンの暮らしの知恵は、このような説話によって、時々確認していたのだろう。

A5－6：KY－45. カッコウの旦那が物語る。（平賀エテノア、1932. 10. 5）

　カッコウのカムィが人間の国を見たくなって、オキクルミの村に下りる。オキクルミはこの村で矢を受けて、ここのしきたり通りに祀ってもらって、カムィの国へ帰るように言うが、カッコウは和人の国まで行って、和人の御幣（葉つきのヤナギに紙の幣をつけたものなど）を受ける。その紙の幣をカムィの国へ持ち帰ったところ、カムィたちからは嘲笑され、以後、人間の村へは行かず、他のカムィたちの持ち帰ったみやげのお裾分けにあずかっているという話。

　この話には、アイヌの人々が自分たちの削りだすイナゥに特別な意味を認めていることと、日本の幣を蔑視していることとがはっきり示されていて、紹介されることの多い説話である。

　アイヌの人々は、自然木を削ってイナゥに作ると、その木には霊力が与えられると考える。霊力のない紙の垂（四手）とは別物なのである。

A6　真情吐露（3編）

A6－1：KY－95：子守歌　（鹿田シムカニ、1936. 1. 5）

　赤ん坊が泣き止まない。あやしつつうとうとする母親の枕辺に疱瘡神が立って、一晩過ぎれば自分らの一団は立ち去るから安心せよと言う。その通りになり、赤ん坊は泣きやむという話。

　アイヌの人々にとって、大きな恐怖のひとつは、海を渡ってくる疱

瘡神の襲来であった。この説話も、そのことを誰に訴えるでもなく、子守歌のように歌っている。子守歌とはいえ、形式と内容はカムィ・ユカラである。子どもを寝かしつけるためというよりは、母親の真情を吐露している叙述のひとつである。

A6－2：KY－96：子守歌 （鹿田シムカニ、1940. 8. 19）

　赤ん坊の父親は、和人地へ交易に行ったまま帰らない。もし非業の死を遂げたのであれば、首のない鳥の姿になって戻るから、供養してほしいと言い置いて出かけたのだ。やがて、首のない鳥がやってきた。言われたとおりにしてカムィの国に送ってあげたから、おまえはもう泣き止みなさいと母親が言う。

　交易が対等な立場では行われなくなった江戸後期の成立であろう。

A6－3：KY－97：子守歌を泣きながら謡う （平目カレピア、1936. 1. 9）

　伝承者の居住地は、KY－96が旭川近文、KY－97が沙流荷菜というように離れているが、内容はほとんど同じである。KY－96もKY－97も、夫は死んだために帰ってこないのだということを、何とか受け入れようとして、その理由を考えたり供養したりしている妻の気持ちを、子守歌の形で独白している。このころ、和人地へ交易に行っても、かつてのように自由な交易はできず、一方的に搾取されたり生命を奪われたりするアイヌが多かったことを、このような説話が伝えている。

A7　身の上話など（27編）

　主題より説話そのものを聞かせるものが多い。

A7−1：KY−17．戸口のカムィが物語る。（平目カレピア、1936．3．1）

　山で獲られたクマとタヌキが、里の村おさの家でりっぱに祀ってもらう。クマはタヌキに、ご馳走が出ても、決してクマやタヌキの肉を食ってはいけないと言ったが、タヌキは空腹のあまり食ってしまう。クマはカムィの国へタヌキを連れて行くわけにはいかないが、タヌキを「戸口のカムィ」にしてやるから人間の暮らしをよく見守れ、と言って出て行く。この一部始終を戸口のカムィになったタヌキが物語る。

　KY−16（A2−6）とは、クマの冬眠穴にタヌキもいること、人間がイヌをつれて下見に来ること、二度目にクマのほうから出て行くこと、魂送りに際して火の女神がクマをねぎらうこと、魂送りの主催者が村おさで、狩人はその息子であることなど、ほとんど同じ内容であるが、クマの言いつけにそむいてタヌキがクマに同行できず、人間界にとどめられるという終段のところが違う。この挿話は何を意味しているのだろうか。タヌキが戸口のカムィになったという認識が定着しているのであれば、その起源譚ということになる。

A7−2：KY−18．小さなシャチのカムィが自分のことを謡い聞かせる。（平目カレピア、1936．2．19）　小さいシャチのカムィが養姉に手伝ってもらって、クジラをしとめる話

　シャチがクジラを襲うという知識や、クジラが浜へ打ち上げられれば、それはシャチが恵んでくれたのだと思って感謝すべきであるというコタンの人々の考えを、このような説話によってコタンの子どもたちは身につけていくのだろう。

A7－3：KY－44．エヤミ（ミヤマカケス）が物語る。（平目カレピア、1936．1．10） 化け物キツネが、婚約者のところへ行く途中のミヤマカケスに化けるが、ミヤマカケスの特技までは身につかず、化けの皮がはがれて退治される。ミヤマカケスはめでたく結婚するという話

　養兄のもとで育ったミヤマカケスは、幼い時から踊りがうまく、踊るたびにクリやドングリが手からころげて落ちた。やがて年頃になり、婚約者である川上の勇者の元に、嫁入り道具を背負って出かける。途中でおせっかいな女にシラミ取りをされているうちに、意識を失う。気がつくと、その女の着ていたぼろをまとい、晴れ着も荷物もなくなっていたが、意を決して婚約者を訪ねる。家の中では例の女が主婦然としていたが、勇者は家に入れて食事を出してくれ、その後二人の女に舞踊を所望する。例の女が踊っても、何も出てこなかったが、ミヤマカケスが踊ると、神風が吹き、クリだのドングリだのがこぼれ出た。キツネが化けていた例の女は勇者に叩きのめされ、ゴミ捨て場に捨てられる。ミヤマカケスは川水で祓い清めてもらい、めでたく勇者との家庭生活を送る。

　一見、化け物キツネの話のようであるが、この話にも、アイヌの人々の自然とのかかわりの深さや自然観察の鋭さが見て取れる。それは、この説話の主人公がエヤミ（ミヤマカケス）であることと、その特技が踊るとクリやドングリがこぼれ落ちるということである。カケスには好物の木の実を蓄える習性があり、のど袋に入れて運んで土中に埋める。だからクリやドングリを出すなら、この主人公はスズメやハトではなく、カケスでなければ具合が悪いのである。

A7－4：KY－48. ハシボソガラスのカムィが自分のことを謡い聞かせる。
（平目カレピア、1936. 1. 31）

　ハシボソガラスのカムィが、夫を奪った女神に術をかけて丸裸にし、夫を取り返す。元通りの暮らしになり心に余裕のできたハシボソガラスのカムィは、例の女神を相妻（夫の妾）にしてやり、皆仲良く暮らす。

　KY－1（V－1－1－a）と同じように、夫を奪われたカムィが巫術くらべに勝って、夫を取り返す話である。KY－1では、火の女神と水の女神の特徴がよくあらわれた話の展開であったが、このKY－48は、ハシボソガラスの習性をとらえていると見ることができる。

　ハシボソガラスは巣材を選ばず何でも運んでくるのであるが、それを、相手の女神の宝物や衣類をはいで、ハシボソガラスが自分の家に向けて飛ばす、という筋立てによって表現している。

A7－5：KY－54. ケソラプのカムィが自分のことを謡い聞かせる。（平賀エテノア、1932. 9. 1）ケソラプのカムィが悪いクマとたたかって、オオカミを助けるという話

　ケソラプ（ケシ・オ・ラプ、まだら模様・ある・羽）は、樺太の島で村おさの任にあたる鳥である。ある時、遠い北海道の沙流川にいる親友のオオカミが、助けを求めている声を聞いた。ケソラプは黄金のハヨクペ（衣装）をはじめこまごました正装を整えて、沙流川の水源まで飛んで行く。そこでは悪いクマのために、オオカミが瀕死の状態になっていた。ケソラプはクマの体を爪で引っかき、爪ですくい、肉片にし、クマの心臓の黄金の紐もすべて切って、退治する。オオカミを介抱した後ケソラプは樺太に帰る。

ケソラプは樺太の島の村おさであるから、亜寒帯の鳥である。クジャク、キジ、ヤマドリなどと考えられているが、クジャクは南アジアの森林生の鳥である。ケソラプは樺太から沙流川の水源までの距離を飛ぶことができる。クジャクやキジやヤマドリは長距離飛行をしない。A3－7で述べたように、ケソラプとは、全身真っ白で翼に黒い斑点のあるシロフクロウであると考えられる。

A7－6：KY－66．ウリリ（ウミウ）のカムィが物語る。（平目カレピア、1936. 1. 30）

　岩礁上のウミウのカムィの前を、シャチのカムィの一行が、敬意を払って通り過ぎる。しんがりについていたポネチコロクル（ポネチ・を持つ・もの）だけが、無礼にしぶきを上げて通るのに腹を立てたウミウのカムィが、海を大荒れにすると、シャチはすっかり海に隠れてしまう。ウミウは残ったポネチコロクルを追い回すが取り逃がしてしまい、帰宅した後も首を伸ばしてにらみを利かせている。ウミウが首を伸ばしたり引っ込めたりするさまの由来を述べたものともとれるが、主題がはっきりしない。ポネチは、ベニバナヒョウタンボクという落葉低木の枝や幹のことで、地方によっては鏃と矢柄のつなぎの材にするとのことであるから、ほかのものにいつもつき従っている魚類のひとつかも知れない。久保寺訳によれば、ウミウの起こした時化でシャチの群れが全滅し、サメが残って暴れている、ということであるが、主題その他よくわからない点のある説話である。

A7－7：KY－86：オキクルミの妹が自分のことを謡い聞かせる。（平賀エテノア、1932. 12. 18）

オキクルミが、人間の有力者たちの堕落振りに幻滅して、沙流川の故郷をすてて、隣の国の東の端に移り住む。一緒に行った妹は、故郷が恋しくて、食事ものどを通らない。養兄であるオキクルミは、故郷の自然や暮らしの様子を、ひと時だけ、こまごまと眼前に見せてくれる。妹は納得して、刺繍に精を出し、オキクルミは彫り物に熱中する平穏な暮らしになる。

オキクルミが腹を立てたという人間の有力者の振る舞いとは、どのようなことを指しているのか、移った先はモシリ・ピリカであるというが、このピリカは、どのような状態を言っているのか、暮らしが豊かで栄えているのか、景観が美しいのか、よくわからない。しかし、妹が懐かしがる故郷の沙流の風景と日常の暮らしが生き生きと描かれていて、美しい一話になっている。

カムィ・ユカラには、ノカ　ヌイェ（姿を表す）ということばがしばしば出てきて、「絵を描く」とか「形象を彫る」と訳される。ここのノカ　カラも象（かたち）を作ると訳される。しかし、絵画や彫像といった具体的な物が存在すると考えることは適当でない。ノカ　カラは、現代で言えば「仮想現実の映像を見せる」と同じことで、その場かぎりで消えてしまう幻影を指していると思われる。

A7−8：KY−87．人間の少年が自分のことを謡い聞かせる。（平目カレピア、1936．2．19）母がいなくて、父が育てている少年の話

人間はカムィではないが、カムィ・ユカラと同じ形式の叙述であるために、カムィ・ユカラとして扱われる説話がいくつかある。

父はいつも歌うように泣きながら家事をしていた。父が山へ狩に出た留守中に、少年は海辺に出る。すると、海中から美しい女が浮かび

出て、かつて夫によって海に投げ込まれたと言って嘆く。少年は帰宅後にそのことを父に話すと、父は、以前魔が差して妻を海に投げ捨てたと告白する。翌日二人は海辺に行き、白波のカムィに祈って、少年の母を海から出してもらう。少年の父は妻を蘇生させ、もとの家族はつつがなく暮らすようになる。

　カムィ・ユカㇻの中には、このように、人間を主人公にした話が少しある。サケヘがなければ人間の昔話であるような説話を、なぜサケヘをともなったカムィ・ユカㇻとして伝承してきたのか。もう少し類例を検討しないと判断できない。

A7－9：KY－88．倒木にくっついていたものが物語る。（平賀エテノア、1932．9．30）主人公は人間である。大きな倒木にくっついたまま苔むした少年が、父の手でもとの人間に戻り、その老いた父を養って幸福な生涯を送る話

　神隠しにあったように行方がわからなくなった少年を、両親が探していたが、母親は死んでしまう。少年は倒木の下にくっついていたが、苔におおわれて見つからない。あるとき、豪雨によって倒木と共に父の家の近くに流れ着いた少年を父が見つけ、きれいに洗って、親子は対面する。父はこの間のいきさつを語って聞かせ、その後成人した少年が父を最後まで世話する。少年は家族に恵まれて暮らすが、死に際に、自分の数奇な生い立ちを子どもらに語って聞かせる。

A7－10：KY－89．悪いカムィにかどわかされた少年が、自分のことを謡い聞かせる。（平村カヌンモレ、1932．12．31）
　KY－88と話の筋がよく似ているので、同じものの異伝と考えられ

ている。伝承者が違うと、どのように叙述が違ってくるのか、比べて
みよう。

KY－88：主人公の人間の少年は、倒木の下に付着して泣き暮らし、
泣き声もかすかになるほど衰弱している。／KY－89：主人公の少年
は、大きな木原の上で長年泣き暮らして、泣き声もか細くなっている。

KY－88：やがて倒木には草が生えたり雪が積もったりして、少年
の体にはコケが生えキノコが生えた。／KY－89：少年の鼻と耳はキ
ノコに変化した。

KY－88：ある日、ごさ包みの小さな荷を背負った女が来て、独り
言のように見えていない少年に話しかける。／KY－89：ある日、ご
ざ包みと小さな行器を持った女が来て、少年に話しかける。

KY－88：女（死んだ母親の魂）は、自分の赤ん坊がいなくなった状
況を詳しく語る。そして、赤ん坊が突然いなくなったのは、ケナシウ
ナラペ（木原の魔女）のねたみのせいだと推測する。その上でこの少年
の父は疱瘡神だったと告げる。／KY－89：死んだ母親の魂が、赤ん
坊は多分悪いカムィが木の洞の中に閉じ込めたのだろうという。

KY－88：死んだ母親の魂が、これから起こることを予言する。予
言によれば、この後夏の豪雨が降り続いて、山津波が来て、氷を浮か
べた水（残雪の崩落のことだろう）も押し寄せ、そのうちに少年の付いた
倒木は流されて、父親の家の水汲み場に打ち上げられる。イヌが吠え
て、父親に知らせる。／KY－89：母親の魂が少年に、自ら川下にあ
る父親の家に行くように言う。

KY－88：母の予言どおりのことが起こり、少年は父親に発見され、
きれいに身を清めてもらい、もとの人間の姿になる。／KY－89：少
年は言われたとおりに父の家に行く。父親から灰をかけられたり人間

の食物を与えられたりした上で、人間であると認められると、美しい人間の少年の姿になる。

　KY-88：人間の姿に戻った息子に、父親が一部始終を説明した後、父子は死ぬまで平穏な日々を過ごしたことを、かつての少年が子どもらに話して聞かせる。／KY-89：人間の姿に戻った少年を父親が愛撫する。

　KY-89はKY-88の約半分の句数であって、こまごました自然描写や状況に付いての説明が省略されている一方、父親が、出現した少年を人間かどうか試すという、KY-88にはない話が付加されている。伝承者は二人とも同じ沙流川筋（下流と中流）の人で、採録時期も同じ1932年である。同じ話の異伝なのか、別の話の伝承であるのかはっきりわからない。話の筋が似ているようでも、KY-49（A3-5）とKY-50（A3-6）の例のように、まったく違う説話の伝承である場合がある。

A7-11：KY-90. 人間の女が自分のことを謡い聞かせる。（鹿田シムカニ、1940. 8. 19）

　一人で育った女がいて、毎日刺繍にいそしんでいた。ある日、若者が来て夫婦になるが、しばらくして、カッコウが祭壇のところでしきりに鳴くようになると、夫は食事も取らなくなってしまう。ついに意を決したように、自分が雷兄弟の末弟であることを告白し、天に帰らなければ、兄たちによって地獄に落とされてしまう、ということをカッコウが知らせに来たのだと言う。夫は、雷が鳴るときは、最後の激しい音をさせるのが自分であるから、外に出て姿を見せてほしいと言い、別れの食事を共にする。鳥になった夫は、大雨のような涙を落

としながら天に帰る。

　夫の言いつけどおりに服喪して、六年目の喪明けに若者が現れて夫婦になり、息子や娘ができる。それでも女は新しい夫がどこか好きになれず、雷がなれば外に出ていた。やがて女は足が重くなって（年をとって）、子どもらに、若き日に雷のカムィとの夫婦仲を裂かれたことや、天に帰った夫の嘆き（憤り）が轟音をとどろかせているのだということを語って死ぬ。

　多くのカムィ・ユカラに見られるアイヌの人々の夫婦観によれば、カムィはカムィ同士、人間は人間同士、魔物は魔物同士が適当だということになる。だから、雷と人間の夫婦には、いずれ別れの悲劇が起こる。初めからわかっている結末にもかかわらず、聞き手がひきつけられる伝承のひとつである。

A7−12：KY−91．人間の女が自分のことを謡い聞かせる。（平目カレピア、1936．2．5）

　人間の女が薪を採りに山に入り、そこでカムィのような容貌の男に出会う。男は自分の頭の頂の血を盃にとり女に飲ませ、女は自分の胸の血で返盃する。

　それからというもの私はこのような話をしているのだ、と女が言う。

　このカムィ・ユカラでは、山で出会った男がコシンプであるとか、女が発狂した（キンラカラ）ということは述べられていないので、多少の予備知識がないと理解しにくい。

　コシンプは、妖精または妖魔と訳されるが、西洋の物語に登場するフェアリーとは非常にかけ離れた性格・個性を持つ。海や山にいる白装束や色白の男であることが多い。アイヌ社会では、これに魅入られ

て発狂する説話がいくつかあり、本稿の資料のKY－105やKY－106
にもコシンプが登場する。原因がわからない災難や発狂などの事例に
ついて、何とか理由やその元を尋ねたいという強い気持ちが、このよ
うなカムィ・ユカラを生んだのだと思われる。

A7－13：KY－92．人間の女が自分のことを謡い聞かせる。（平目カレピア、
1936．2．25）

　V－1－2－bであらすじを示したように、兄と共に和人地へ交易に
行った妹が、兄たちを殺されて一人故郷に帰る話で、江戸期の松前藩
や幕府による統治時代の交易の実態を、アイヌの側から伝えている。
イヨマンテの準備のために交易に行って来る話よりも後に成立したも
のであろう。

A7－14：KY－93．ある老婆がエソキソキ（エ・ソキソキ、顔・〜を振り
振りするもの、コアカゲラ）に道順を教えて追い出す歌。（平目カレピア、
1936．2．19）

　トカプチ（十勝）のフチ（おばあさん）が家の近くに来たコアカゲラ
（北海道のキツツキの一種）に、海の向こうに行く道順を詳しく教えて引
導を渡す歌。

　コアカゲラがなぜ追い払われるのかよくわからないが、この一編
は、自分のことを謡い聞かせるとか物語るというよりは、節つきで歌
われるシノッチャであったらしい。

A7－15：KY－94．マタンキトノ（またぎの旦那）が自分のことを謡い聞か
せる。（平賀エテノア、1932．12．30）

あるマタンキ（日本語のまたぎ由来。狩人のこと）があちこちの狩場を嘆賞しつつ行き来していると、立派な尾のオオカミが相撲を取ろうと誘う。両者とも力を尽くして戦っているうちに、オオカミが自分の体力と脚力とを狩人に与えると言って降参する。狩人がテッポ（鉄砲）によって止めを刺し、帰宅後、オオカミを丁重に祀ると、以来狩人は以前にも増して獲物に恵まれ長者になる。狩人はこのいきさつを子どもらに伝え、オオカミを末永く祀るように遺言する。

　他者の生命や力は、縄文の心によれば、奪って自分のものにすることのできないものであるが、生きているものが生きているうちにその意思として授けるのなら、それはできると言う考えがあったのかもしれない。類話が多数あれば、そのことを検討してみたい。

A7−16：KY−99．シピチャルコタンの沖漁師が自分のことを謡い聞かせる。（平目カレピア、1936．2．21）　シピチャルコタン（染退村）の人が沖漁に出て、海上で聞いたという哀れな話

　メカジキ漁の漁場に出たところ、ひとりの女が浮かび上がり、身の上を歌う。かつて兄と共にメカジキ漁に出たが不漁だった。兄は海のカムィ（シャチ）に、「妹を差し出すから海幸を恵んでくれ」といって、自分を海中に投げた。自分はシャチのカムィに保護されているが、兄がもしまた漁場に来るならば、シャチの一族によって難破させられるから、兄にそのことを伝えてほしいという歌だった。海から戻った漁師が、海上で聞いた歌の話をその兄にすると、兄は沖漁に出たが、ついに戻らなかった。沖で聞いた歌どおりのことになったといって、漁師がその話をする。

　アイヌの社会で、「いけにえ」アエアトゥィノミ（ア・エ・アトゥィ・ノ

ミ、我々・それで・海・〜を祀る）といって、生きた人間を海のカムィに
ささげる考えがあったことは、二風谷にも実話として残っている、と
『萱野茂のアイヌ語辞典』にある。ただこのことばは、ほかの辞書の
見出し語にはない。「いけにえ」に対する考えについて言えば、縄文の
心では、「いけにえ」によって対価（海幸山幸を得る）を求めることはな
いので、新しい価値観（弥生の心）によるものだろう。

A7－17：KY－105. シヌタプカの女が物語る。（平賀エテノア、1932. 10.
24）

　シヌタプカの女や、白衣の青年（海のコシンプ）や、余市人の兄弟な
どが主役・脇役であり、内容は、カムィ・ユカラより新しいとされる
ユカラ（ユーカラ、英雄詞曲）やマッ・ユカラ（婦女詞曲）に多く見られる
説話である。

　シヌタプカで養姉に育てられていた娘が成人する。ある日、姉の後
を追って山仕事に行き、そこで白衣の青年に会い、互いの血潮で盃を
交わし、連れ立って帰宅する。養姉にとがめられるが、娘の婚約者で
ある余市人の弟がその白衣の青年を殺し、娘を清めて、夫婦となる。
姉のほうは余市人の兄のもとへ嫁いで行く。

　話の筋を連ねるだけでなく、場面ごとの描写が細かく、カムィ・ユ
カラというよりユカラ（ユーカラ、英雄詞曲）のような趣きであって、カ
ムィ・ユカラとユカラ（ユーカラ、英雄詞曲）とに共通するさまざまな情
報が含まれている。

　　①シヌタプカというのは、カムィが造った（立派なという意味）チャ
　　　シである。
　　②ガマを刈ったり薪を伐ったりする山仕事は、女の仕事である。

③もやの中から白衣の青年が現れて、互いの血潮で盃を交わす。

④白衣の青年はコシンプであり惨殺される。

⑤シヌタプカの女はオオカミの後裔である。

⑥余市人の兄弟の弟のほうを夫にすることは、親によって決められていた。

⑦余念なく彫り物をし、合間に山へ狩をしに行くことで、家の宝物が増す。

　登場人物の数が多く、カムィ・ユカラやユーカラの内容をある程度知っていないと、話の筋についていくことがだんだん困難になっていく頃の成立であると考えられる。

　カムィ・ユカラには、住居の北東の角にある宝壇のことがよく出てくる。そこに収納されるものは、弥生の心が求める財宝とは次元の異なるものであった。交易で得た刀や布に手を加えて、自分の一部のようにみなすもの、自分の後ろ盾のようなものに作り変えたもの、或いは、アシンペ（つぐない品）として他者から差し出されてこそ意味のあるものであった。カムィ・ユカラには、宝物を多く所有することを目的にした何らかの行為や、交易品への羨望を主題とした説話がなかったが、このKY－105には、勤勉によって宝物が増すことが述べられている。縄文の心から弥生の心へと移り変わって、宝物を増やそうとしていく段階の説話であるように思われる。

A7－18：KY－106．オタスッの女が物語る。(鹿田シムカニ、1940．8．20)

　オタスッの少女が養兄のもとで一人前に育ち、婚約者であるチュプ

カ人の妻問いを待って別棟の小屋に住む。チュプカ人が訪ねてきて、養兄の家の酒宴の客になっている間に、少女の小屋に別の男が妻問いする。男は去るが、少女は養兄の怒りを恐れて自殺する。死んだ少女の魂は、コシンプの仕業であると気づき、酒宴中の養兄に事態を知らせる。養兄とチュプカ人が駆けつけて、少女を蘇生させ、少女とチュプカ人は夫婦になる。養兄のほうはチュプカ人の妹を招き夫婦になる。

　本稿資料のKY-91、KY-105、KY-106にコシンプが登場する。

　KY-91は、山のコシンプで、魅入られた人間の女と血潮の盃を交わす。女は発狂したらしく、以来、その話を繰り返しつつ暮らしている。

　KY-105は、海のコシンプに魅入られたシヌタプカの少女が、コシンプと血潮の盃を交わしたが、危ういところで婚約者が見抜いて、コシンプを殺して少女を助け、夫婦になる。

　KY-106では、オタスッの少女が海のコシンプに言い寄られて、何とか追い出したものの自殺する。

　アイヌ社会には、このような魔物を想定したそれにまつわる話のほかにも、山の遭難から生還した人が、憑かれたようにまた山に行ってしまう話など、海や山との暮らしの深さならではの説話が多い。

A7-19：O-1．アィヌラックルが物語る。（平賀エテノア、1929．8）
アィヌラックルが魔神らを征伐して、人間の国土に平安をもたらす話

　アィヌラックルが養姉のもとで大切に育てられている。沙流川水源の大沼には巨大なアメマス、サクソモアイェプ（竜蛇）、カワウソらがすみ、人間の村を滅ぼそうとしていて、人間界にいる善いカムィたちは、アィヌラックルの育ての兄をも含めてことごとく殺されている、と養姉が語る。アィヌラックルは戦いの正装を整えて大沼へ出かける。

悪戦苦闘の末、すべてを退治し、殺されていたカムィたちを生き返らせて、育ったチャシへ帰り、以前のように平穏に暮らす。

　アィヌラックルとそれぞれの魔神は、順次一対一の戦いをしていく。縄文型の戦いである。

　カワウソがどのような悪さをするのか、共通の定まった考えは見当たらないが、大沼にすむ巨大なアメマスは飢饉魔、サクソモアイェプは山菜や魚取りに来た人間やカムィたちを殺す魔物である。いずれにせよ、山に入って遭難することの多かった時代の人々の不安と、誰か（例えばオキクルミなど）に助けてもらいたい気持ちの強くあらわれた説話である。

A7－20：O－3．アエオィナカムィが自分のことを謡い聞かせる。(平賀エテノア、1932. 8. 29)

　アエオィナカムィ（アィヌラックル）が巨大な魔神から国土を守ろうとして戦うが、共倒れになる。その魂が人間の国土を見限って天に帰ろうとするが、天のオオカミのカムィの妹がイヌの扮装をして、アィヌラックルの魂を地上に追いかえす。魂は放浪の末、もとの肉体に戻って蘇生し、人間の国土にある立派なチャシに戻り、オオカミの妹と夫婦になる。

　このO－3は、1330行もある長大な説話であり、たくさんの地名とそれらを守護するカムィたちが登場する。アィヌラックルの出自や、育ったチャシ（居館）とそこでの育てられ方や、戦いの相手の容貌や、一騎打ちの様子の叙述がとても詳しい。他のカムィ・ユカㇻでは語られない挿話も織り込まれていて、『アィヌラックル事典』のようである。

　アィヌラックルは、登場を示す常套句によると、「裾に炎の燃え立つ

厚司、尻に炎の燃え立つ刀鞘」のいでたちを整え、蘴に包まれているとされる。O-3では、この装いには由来があり、アィヌラックルが火種を作る木（ハルニレ）を母としていることを示すためであること、蘴で包まれるのは、敵に人間である（アィヌラックルは半カムィ半人間）ことを悟られないためであることを説明している。敵である大魔神は、小山のように巨大で、異形の風貌であるが、竜蛇や巨大魚ではなく、一応人間のような姿に描かれており、何をモデルにしているのかわからない。逃げ出して天に昇ろうとするアィヌラックルの魂を、行く先々の土地を守るカムィたちが、なだめたり説得して従わせたりする目的で「アシンペ」を差し出してひきとめる。このようなアシンペの使い方は、「罪をつぐなう」という古い説話のアシンペとは違い、縄文の心にはない考え方・用い方である。

　半分人間のアィヌラックルは、大魔神を倒すほどの剛の者であったが、イヌを恐れて逃げ出す。これが何を意味しているのかはわからない。

　アィヌラックルは、姿を蘴で包んでいることを、敵の大魔神や逃げる途中のカムィたちに卑怯者とか意気地なしのように言われるが、無視する。手段を選ばない戦いであり、縄文の心の矜持が見られない。資料123編のうち、主役であれ脇役であれ、アィヌラックルが登場する説話は、縄文の心が希薄であったり、すっかり失われていたりするが、O-3もその例に漏れない。

　カムィ・ユカゥでは、「長者である」ことを、宝壇の立派さをこまごまと描写して表現するのであるが、先にも触れたように、宝壇をいっそう立派にすることを目的にした戦いによって、他者の宝物を奪う話はない。また交易は、祭りや暮らしに必要なものを手に入れるために

行くのであり、和人の持ち物への憧れが動機であるような話もない。アイヌの人々の宝物は、交換できる物品ではなく、自らの一部あるいは後ろ盾としての霊力あるものであるという考えは、カムィ・ユカラの世界ではO-3の成立の頃もまだ継承されていたと見ることができる。

A7-21：O-4. アエオィナカムィが自分のことを謡い聞かせる。(平賀エテノア、1932. 9. 5)

　アイヌの祭壇には、カムィたちがさまざまな形のイナゥの姿をして立ち並ぶ。これらのイナゥのうち、「キケチノイェイナゥ」(数本の削りかけを一本ずつよったイナゥ) と「キケパラセイナゥ」(削ったままの削りかけ全体を房のようにつけたイナゥ) が天から地上に下ろされる途中、巨大な魔神に誘拐される。アィヌラックルの養姉のもとには、アィヌラックルの出陣を促す書状がたびたび届く。アィヌラックルは、5種類の樹木でそれぞれ60ずつのイナゥを作る。これらを手兵として従えて出かけ、大魔神を地獄に落としてそこで討ち取り、誘拐されたイナゥを取り返す。

　O-4には、たくさんのイナゥの材が登場する。かどわかされた「キケチノイェイナゥ」は男、「キケパラセイナゥ」は女とされる。アィヌラックルの手兵は、材の色が赤いハンノキ、火にくべるとぱちぱち音を立てるハシドイ、材の色が黒っぽいエンジュ、青っぽいニワトコ、白いヤナギなどである。アイヌの人々は、材の色や性質に応じて意味づけして用途を区別するが、このようなカムィ・ユカラによって知識を共有している。たとえば、材が黄色いキハダのイナゥは、天界では黄金作りとみなされる。キハダの苦い木部は、健胃や解熱の生薬としても広く用いられ、その実 (シケレペ) は、アイヌの人々の第一のスパ

イス（香辛料）である。

　O－4が新しい成立であることは、アィヌラックルが主人公であることのほか、アィヌラックルの出陣を促すカンピ（書状。日本語の雁皮紙由来）が天から下されること、アィヌラックルが手兵をともなって挑むことなどからわかる。しかし、アィヌラックルと大魔神との戦いが一対一であるところなどは、まだ縄文型の戦いの形を残している。

A7－22：O－5.　アエオィナカムィが自分のことを謡い聞かせる。（平賀エテノア、1932. 8. 9）

　アィヌラックルの養姉は、人肉を食う魔物であった。父母もその手にかかって死んだことを知ったアィヌラックルは、養姉を打ち負かして復讐を遂げる。

　日本の物語では、あだ討ちは大きなテーマのひとつであり、子どもでも「かたきうち」とか「かたきをとる」ということばを知っている。

　アイヌ語には、イモンタサ（ヤィエィモンタサ）ということばがあって、辞書の語義としては「復讐（する）」「仇討ち（する）」などとあるが、本稿の資料では使われていない。縄文の心によれば、人間関係はいつも一対一であり、親子であってもそれぞれ個別の、上下関係のない、対等の人格である。何らかの雪辱戦の一騎打ちのようなものはあったかもしれないが、自分が直接の被害者ではない時に、被害者に成り代わって仕返しをするというのは、縄文の心からははずれている。仇討ちの説話がアィヌラックルの登場と軌を一にしていることは、縄文の心の減退と弥生の心の侵入、つまり日本文化の影響ではないのだろうか。

　O－5では、アィヌラックルが養姉を討つ時をはからって、ユーカラ

やオィナやハゥを謡う。これらの口頭伝承がすでに広く行なわれていた時期の成立であろう。

A7-23：O-6. 小オキクルミが物語る。（平賀エテノア、1932. 8）
O-5と同じように、アィヌラックルが父を殺した養姉を打ち負かすのだが、すべて夢であったという話

　カムィ・ユカラには、「夢で知らせる」話がたくさんある。人知の及ばないことを、カムィが夢によって気づかせてやるのであるが、O-6は、オキクルミが父のあだ討ちをする話全体が夢だったという。これはどのようなことを意味しているのだろうか。

　養姉が人肉を食う魔物だということ、オキクルミの父ですら食われてしまったこと、魔物は山奥の沼のエゾマツ林あたりが「狩場」であるらしいこと、そこへ行くまでの渡橋の描写が詳しいこと、オキクルミの父より魔物である養姉のほうが強かったこと、父のハヨクペ（鎧、太刀、陣笠）は沼岸の木の梢に残されていたこと、オキクルミが養姉を焼き殺すことなどはほとんど同じ話の筋であるのに、これを夢として伝承しようとしたのは、人々のどのような考えが働いていたのだろうか。

　アイヌの人々には、山仕事や海仕事に行くときのさまざまな禁忌がある。それほど山や海での作業には危険がともない、天災や病気にも気を使わなければいけなかったのだろう。山や海から戻らなかった人や、気が触れたようになって帰った人がいたときに、何らかの「悪」、例えばキムナィヌ（キム・ウン・アィヌ、山にいる者）のような架空の悪者を想像して、納得せざるを得なかった人々によって、O-5やO-6のようなカムィ・ユカラが謡われ、伝えられるようになったのかもし

れない。

　とはいえ、実際にはO-5もO-6も、アイヌのコタンでは考えられ
ない話であるため、主人公を普通の人間ではなくアィヌラックルにし
て、話全体を夢だったことにして、現実の暮らしとは一線を画したい
という気が働いているのかもしれない。

A7-24：O-10. アエオィナカムィが自分のことを歌い聞かせる。（平賀エ
テノア、1932. 8. 30）

　アィヌラックルがピラトゥル（平取沢）水源の山頂から、凪の海を見
渡しているとき、アオダイショウのカムィによって、疱瘡神の一団の
来襲を気づかされる。アィヌラックルはストゥイナゥ（棒幣）と草人形
の手兵を作って迎撃させ、追い払う。手兵らも力尽きたが、天のカ
ムィたちは、棒幣は沖を守るカムィにし、草人形は浜を守るカムィに
するようにはからう。見届けたアィヌラックルは、天に昇る。

　アイヌの人々には、疱瘡神を防ぐ水際作戦があり、草人形や棒幣を
川口に立てるのだが、その起源を述べたものでもある。O-9（B6-
15）も、同じような説話であるが、草人形はミントゥチ（河童）に化し
たと述べ、河童の腕が引っ張ると抜ける、という俗説に結びつけてい
るところが加わっている。

A7-25：O-11. アエオィナカムィが自分のことを謡いきかせる。（二谷国
松、1936. 8. 7）

　アィヌラックルが、病魔の根元を明らかにする祈祷をし、総取締役
たるポロシリ岳のカムィに監督不行届きの謝罪を要求して妹の腹痛を
治す。その詞。同じ伝承の異伝が多い。

A7－26：O－12. 叙述者不明。（平目カレピア、1936. 11. 24）

　誰も切り倒すことができなかった黄金のエゾマツを、老人と老婆が切り倒したため、カムィたちは驚嘆したが、アィヌラックルとその妹だということがわかったという話。

　オキクルミ、錆びだらけのナタ（なた。日本語）、錆びだらけのホイチョ（包丁。日本語）、隣の国（本州のこと）などのことばがあり、新しい成立であると思われる要素を含んでいる。

A7－27：O－15. アエオィナカムィ（小オキクルミ）が自分のことを謡い聞かせる。（平賀エテノア、1932. 9. 22～23）

　小オキクルミが養姉の元で少年になり、山の狩りに出る。大シカをしとめた後、装束を解いて沼に入り、姉の好物の魚をたくさん取る。その様子を、天から降りてきた雷の妹に見られて恥じ、山小屋を作って招じ入れたあげく、小屋ごと焼き払ってしまう。帰宅すると、養姉が、あの少女は小オキクルミの妻になるために天から降りてきた者であること、その兄が慣って小オキクルミに試練を与えるはずだということを告げる。オキクルミは試練に耐え、蘇生した少女が訪れてきて、三人での暮らしとなるが、小オキクルミは少女を無視し続ける。やがて養姉は雷の妹に、小オキクルミのために妻としての勤めをするように言い、小オキクルミをなだめて、自分は天の兄雷のもとへ嫁いで行く。小オキクルミは養姉の心に報いる決心をして、その後は雷の妹と仲むつまじい夫婦となる。

　サケヘを伝承者は忘失したということであるが、O－15は長大（1092行）で、オキクルミが登場する説話の中では、古いカムィ・ユカラの形と内容を保っている。

つまり、小オキクルミの怒りは、少女に向けられる。少女の兄の怒りは、小オキクルミに向けられる。どちらも一対一の対決である。初め少女は一方的な敗者のように見えるが、後に生き返る。小オキクルミは一方的な勝者ではなく、試練に遭い、耐えて許される。だれも罰せられることのない穏やかな結末である。

B　罪の種類と罰の大きさの話題

　アイヌの人々は、どのような行為を罪と認識していたのか、どのような罪に重い罰が科せられるのか。アイヌの人々は、この世に存在するものはすべて、天命によって、それぞれそれなりの役目を与えられて下ろされたものであり、人間が勝手にその存在を無に帰すことのできないものであるという縄文の心を受け継いでいた。どのカムィも、どんな形であれ、どこかで生きる。重い罪は、天命にそむくことであるが、罪の種類によって罰の形は違うのである。

B 1　最も重い罪により、二度とこの世に戻ることのできないところに追放される（15編）

B 1 － 1：KY － 27．オオカミのカムィが物語る。（平賀エテノア、1932. 9. 6）

　地上で暮らすオオカミの母子を悪いクマが襲う。子どもたちが天の父オオカミに助けを求め、悪いクマが敗北し、六重の地獄すなわち最下層の地獄へ落とされる。オオカミ一家は天で暮らすようになる。

　母オオカミとクマ、クマと父オオカミはそのつど一対一の戦いをする。

　「地獄へ落とされる」というのは、この世にもどることのできない

最も重い罪のひとつである。

　このクマは、鉄のサンペアッ（心臓の紐）をもつ重いカムィであるが、オオカミを襲ったこと自体が、最も重い罰に相当する悪行とみなされている。

Ｂ１−２：ＫＹ−38．サクソモアイェプが物語る。（平賀エテノア、1932．9．28）

　ある大きな沼に、人やカムィを殺すサクソモアイェプというカムィがいた。オキクルミに欺かれて、言われるままに進んで行くと、そこは最も重い罰の場所である、荒涼静寂のシソヤ（スズメバチ、毒針を持つ大型のハチ、人馬をも襲う）の国であった。

　サクソモアイェプは竜蛇と訳されている魔物である。ここの竜蛇には大きな罪が二つある。ひとつは、天与の使命である「大沼の守護」を怠っていること。もうひとつは、自らの悪臭によって、人間や諸々のカムィを殺しているということ。最悪、最大の罪ということになる。しかし、竜蛇は無に帰すのではなく、最も重い罰の中で生き、眷属を諭す。

　カムィ・ユカゥには竜蛇がしばしば登場する。沼をすみかにしたり、高温の夏は元気だが寒冷の冬は力がなかったりすることから、夏には呼び出して暴れさせてはならないもの、サクソモアイェプ（サク・ソモ・ア・イェ・プ、夏・〜するな・名を口にする・もの）といわれる。沼に存在する、高温になると活発になる、悪臭を放つ、その悪臭で人々が死ぬ、このような説話が日高地方に多い、などのことからすると、この竜蛇の実体は、日高の火山帯に噴出する「硫化水素ガス」のことと思われる。硫化水素は、沸点がマイナス61度ほどの有毒物質（つまり常温

では有毒ガス）であり、火山ガスや鉱泉水に含まれ、腐った卵の臭いがし、目や皮膚を刺激する。

B 1 − 3：KY − 39．サゥソモアイェㇷ゚が物語る。（平目カレピア、1936．1．31）

オキクルミの家の水場に住んでいる竜蛇が、オキクルミにいわれるまま、スズメバチの国にたどり着き、刺されて惨めな死をとげ、眷属を諭すのだが、この最悪の罰に匹敵する罪が示されていない。伝承中に脱落したのかもしれない。水場は水がよどむと水や周囲が腐敗して、硫化水素ガスが発生する。これが水場の竜蛇の正体である。

B 1 − 4：KY − 51．カッケントノ（カワガラスの旦那）が物語る。（平賀エテノア、1932．10．8）

カワガラスが、海底にすむ飢饉魔と戦うよう、あちこちのカムィに働きかける。結局トメサンペチ川口のシヌタプカ人が巨大な魔物を討ち、人間を助け、オキクルミから感謝される。飢饉魔ははるかな地底の地獄に落ちていく。

このKY − 51は、戦いの型が一対一の縄文型ではなく、弥生型に近い一対複数の型を目指していること、登場人物として、オキクルミのほかに、ユカㇻ（ユーカラ、英雄詞曲）の主人公トメサンペチのシヌタプカ人（ポィヤウンペ）や、その養育者のカムィオトプシや、早瀬のカムィの妹が出てくることや、物語の舞台がポロシリ岳一帯ではないことなどが、他のカムィ・ユカㇻとはかなり異質である。かつてカムィ・ユカㇻにオキクルミが唐突に出現したように、ここではユーカラ（英雄詞曲）にオキクルミが何とか割り込んでいるかのようである。ユーカラ

が好まれるようになって来た時期の、カムィ・ユカㇻの形なのかもしれない。

　飢饉魔がどのような型の飢饉をひき起こしたのかが示されていないので、実体がつかめないが、海のはずれの海底にすむ巨大な魔神であり、国土の西のはてではなく、地底の地獄に落ちるということであれば、海流の位置が変わるなどして、海の獲物が極端な不漁になったことについて述べているのかもしれない。

　人間界に飢饉を起す罪は、最大の罰を受ける。

Ｂ１－５：ＫＹ－59. 村おさのカムィ（フクロウ）の妹が物語る。（平賀エテノア、1932. 9. 2）村おさのフクロウの妹が、雲のかなたの巨大な怪物の元に連れて行かれる。アィヌラックル（オキクルミ）がこの怪物と戦って、六重の地獄に落とし、フクロウの妹を奪還する。村おさは感謝して、妹をオキクルミの妻にするよう計らう、という話

　養兄であるフクロウの留守中に、巨大な魔物の使いのやせた子どもが来て、フクロウの妹を連れ出す。浜の船着場から何日もかけて海を行くが、コンコナトゥィ（綿毛のようなふわふわの白波のおだやかな海）と、トプサトゥィ（竹が生えていて、竹の屈伸で豪雨のような水しぶきが上がる荒海）とを過ぎると、雲が出入りするところがある。そこを過ぎると、美しい陸地があり、美しい小川の水源にカムィヌプリ（神山）がそびえ、その山の中腹の洞穴のはるか奥に、魔物の広い屋敷がある。魔物の家（チャシではなくチセ）で、養兄を思いながら泣き暮らしていると、ふるさとの村から次々に救援のカムィたちが来る様子だが、途中で死んでいく。ついに、もやに包まれたカムィが来て、魔物を地獄に踏み落とし、妹を奪還して、村おさのフクロウの元に連れ帰る。命

の恩人がアィヌラックルであったこともわかり、妹はアィヌラックルの
チャシ（居館）へ伴われて行き、夫婦になる。

巨大な魔物とアィヌラックルとは戦わない。

アィヌラックルは魔物に向かって、魔物は魔物同士で夫婦になるべ
きで、人間界の村おさの妹を娶ろうとするのは懲罰に値すると言っ
て、魔物を地獄へ落とす。両者が何年も熾烈に戦う多くの説話とは違
う、珍しい対決の型である。

「誘拐」は最も重い罰に値する罪であることのほかに、魔物はそれ
なりに魔物の村おさであるべき使命を怠っていることも、罪に数えら
れている。

津軽海峡をはさんだ北海道の対岸（津軽半島）には、江戸時代の人
別帖にたくさんのアイヌ人名とアイヌ語地名が残っているが、そのよ
うな漁村に連れて行かれた娘を連れ戻した、という実話に基づいた説
話であるように思われる。まだ、アイヌと和人の間に大きな抗争がな
かった頃のことであるなら、アィヌラックルを登場させても、悪戦苦
闘の話にはならなかったのだろう。

B1−6：KY−60．村おさの妹が物語る（前半）。アィヌラックルが物語る（後
半）。（平賀エテノア、1932．8．8）

（前半）　村おさのカムィ（フクロウ）の妹はアィヌラックルの婚約者
であるが、そこにポロシリ岳のカムィが訪ねてきて、形見に小袖を残
す。アィヌラックルがそれを見て激怒・憤死する。

（後半）　アィヌラックルの死んだ魂は、ポロシリ岳のカムィの所に
行って復讐し、六重の地獄に落としたのち、天に昇っていく。フクロ
ウの諌める詞と火の女神の追いたてとに阻まれて、アィヌラックルの

死んだ魂は天にたどり着けず、地上に戻ってもとの体に入って蘇生する。アィヌラックルとフクロウの妹は夫婦になる。

フクロウ（村おさ）と火の女神は、ポロシリ岳のカムィがアィヌラックルの婚約者に近づいて小袖を残したのはよくないが、アィヌラックルのやり方は行き過ぎだという考えである。しかし、結局、アィヌラックルの思い通りにことが進むところは、アィヌラックルが登場するカムィ・ユカㇻに多い型である。

他人の婚約者に近づくのは罪ではあるが、六重の地獄の罰は重すぎると火の女神が言うのであるから、人々はこの考えを受け入れたことだろう。

B1−7：KY−61. 村おさのカムィ（フクロウ）の妹が自分のことを謡い聞かせる。（平目カレピア、1936. 1. 28）

村おさのカムィの妹は、ポロシリ岳のカムィの婚約者であるが、兄の元で成人し、別棟に住む。兄のところにアンルルンのカムィが遊びに来ている。ポロシリ岳のカムィは、婚約者とアンルルンのカムィとの関係を勘繰って、フクロウの妹を折檻して去る。アンルルンのカムィは疑いを晴らすために、ポロシリ岳のカムィに一騎打ちを挑む。それぞれの憑き神同士も戦い、アンルルンのカムィが勝つ。ポロシリ岳のカムィの死んだ魂は、大音響と共に身体からはなれ去る。アンルルンのカムィとフクロウの妹は、夫婦になる。

ポロシリ岳のカムィの魂がその後どうなったのかは述べられていないが、大音響と共に去るというのは、二度とこの世に戻れない場所に向かって去っていく時に、よく用いられる表現である。

戦いが当事者同士、憑き神同士でなされるところは縄文型の戦いで

あるが、ポロシリ岳のカムィがアンルルンのカムィではなく、フクロウの妹を痛めつけたことや、勝ったアンルルンのカムィが正しいことになるという弥生型の考えであることなどは、縄文の心が希薄になりつつあることを示している。

KY－60（B1－6）と同じく、他人の婚約者に近づく罪は非常に重いということである。

B1－8：KY－63．フリ鳥のカムィが自分のことを謡い聞かせる。（平賀エテノア、1932．9．6）

フリが山や浜を飛び回っては、野草採りの人を殺して食べていた。あるとき薄汚い小男が来たので襲ったところ、逆に滅多打ちにされたあげく、六重の地獄に落とされた。オキクルミのカムィによる罰だと気づいたフリは、子孫に、決して人間を殺すなと言う。

フリ鳥とは何鳥か。辞書では、想像上の大鳥、怪鳥、伝説や古謡の中に出てくる巨大な魔鳥、大きい鳥でワシだと言う人もいる、などの語義になっている。

フリは、人を襲うほど大きい鳥である。北海道に飛来すること、ワシだと言う人もいるということ、エゾマツの梢にすむということなどから考えられるのは、ワシやタカの仲間のうち、大きなくちばしが黄色くて目立つオオワシまたはオジロワシのことではないだろうか。くちばしの黄色い大きなワシで有名なのは、アメリカ合衆国のシンボルであるハクトウワシである。アムール川下流域の支流・フリ川のある大陸沿岸部（元とアイヌとの戦場であったところ）、対岸のサハリン島、北海道島オホーツク海沿岸、千島列島は、オオワシが周回する渡りのコースそのものであり、これら大きな黄色いくちばしの巨大なワシを

総称して、古くからフリと呼んでいた可能性がある。

B1－9：KY－72．叙述者不明。（平目カレピア、1936.2.23）

地球から見上げた満月の中の影を、アイヌの人々は、手桶を持って立たされている少年の姿に見立てている。

少年が言いつけに不満を持って従わなかったために、天界のカムィから罰せられて、この世に戻ることのできない月に連れ去られたのだ、と理解しているのである。このKY－72はものの起源を説く話でもあり、天罰の重さを教える話でもある。

月の影は世界各地でさまざまなものに見立てて伝説も多いが、日本では杵つきウサギ、ヨーロッパでは読書する老婆、北米では白い部分を女の横顔と見るようである。

与えられた仕事を放棄してはならないという、縄文の心が生きている説話である。

B1－10：KY－78．ケチャンコロのカムィが物語る。（平賀エテノア、1932.9.6）

ケチャンコロはこのカムィ・ユカラを叙述しているカムィであるが、何者かがわからない。文脈から推測してみる。別名があって、ウラレランマッ（ウラル・エ・ラン・マッ、霧・と一緒に・降りる・女）という。黒い霧を発生させることができる。

黒い霧と共に降りるということであれば、黒い雨雲や冷気や風かもしれない。

ケチャンコロのカムィ（霧と共に降りる女神）のところに、天からカムィのような女がやってきて、クモの女神（糸で降りる女神）が戦いを

挑みに来るはずだと言う。いったんは無視したものの、ケチャンコロの女神は、縫い針で自分の身代わりを作ったり、それに使わせるこん棒を作ったりして備え、自分は隠れて見ている。

　クモの女神は、夫がケチャンコロの女神に気があることに憤慨してやってくるが、相手が身代わりであることを見抜けず、戦いを挑む。こん棒を振り、かなわ（金輪、鉄輪）を投げて渡り合ううちに、クモの女神は金輪によって切り刻まれて、その死んだ魂が真西へと消えていく。ケチャンコロの女神は身代わりを元の針に戻して、元どおりの暮らしを続け、やがて天から降りてきた真に重いカムィを夫にする。

　利己的な悋気によって戦いを挑んだものの敗北したクモの女神は、最も重い罰である真西の方向へ追放される。

　ケチャンコロの女神が作った身代わりと、クモの女神の一騎打ちを決するのは、ルカネカリプ（ル・カネ・カリプ、粗い・鉄・輪）という輪の投げあいであるが、このルカネは、KY−62では「水銀」と解釈され、このKY−78でも、「毒金」と訳されている。しかし、これらの解釈は当たらないのではないか。

　水銀は融点がマイナス39度であり、北海道のような寒冷地でも、金属単体としては液体状態で、量は多くないが産出する。人々が水銀を知っているとすれば、それは液体であり、固体の状態ではない。とても輪（たが）の材料にはならない。ルカネを、ル（解ける）・カネ（金属）と解釈して水銀であるとするのは、水銀軟膏や有機水銀中毒などの現代知識からの早合点ではないだろうか。

　ルカネは、コンカネ（金）でもなく、シロカネ（銀）でもなく、かといって植物のつるや小枝でもない、普通の粗製の金属、つまり鉄のことのように思われる。

B1−11：KY−80. シランパのカムィが物語る。(平目カレピア、1936. 2. 21)

　シランパ（シリ・アンパ）のカムィ（大地を支える女神）は、ヌササン（祭壇。幣壇）では左方に鎮座する樹木の女神である。KY−80の主人公は木原に住んでいる。

　石狩のカムィがすべてのカムィを招いて酒宴を催したところ、参席した魔神が石狩のカムィの妹をかどわかした。善いカムィがつぎつぎに捕まえられていき、天から救援に駆けつけたクモのカムィも悪戦苦闘しているので、善いカムィたちは困り果てている。そこでシランパのカムィが夫に依頼して魔神を討たせ、魔神は最も重い罰である真西の方へ追放される。

　クモのカムィの戦法に網をかぶせることがあるのはわかるが、魔神が、とらえた善いカムィを赤子にすることや、樹木のカムィとその夫についての叙述がほとんど無いことなど、よくわからないところが多い。

B1−12：KY−104. シヌタプカの娘が自分のことを謡い聞かせる。(平目カレピア、1936. 2. 21)

　シヌタプカの娘はいつの頃からか、クリの木のフチ（おばあさん）に育てられて成人する。ある日おばあさんはクリの実を煮て、ある若者のところに持っていくように言いつける。その若者とは、シヌタプカの娘を妻にするはずだったのに、娘が悪い姉に殺されてしまったことを悲観して、寝込んでいたのだった。クリの木のおばあさんから、その若者がオタサムンクルで、自分の婚約者であることを聞かされて、シヌタプカの娘は若者のもとに嫁ぐ。若者は悪い姉を討って、娘を助

けて育ててくれたクリの木のおばあさんを末永く祀る。

　アイヌの口頭伝承は、自然現象、自然災害、動植物の生態、地形や地勢について、現代の科学知識からしても矛盾のない鋭い観察に裏付けられている。地名は単なる音の連なりではなく、一つ一つに意味がある（Ⅲ－3－＊8）。それはカムィ・ユカㇻの地名でも同じである。KY－104に出てくる地名は、シヌタㇷ゚カ（シ・ヌタㇷ゚・カ、本当の・河内・〜の上）であり、物語の舞台が、大河が蛇行する平野部であることを表しており、この資料の多くのカムィ・ユカㇻがポロシリ岳という山岳地帯を中心にしていることと、非常に違っている。オタサムンクル（オタ・サム・ウン・クル、砂原・側・〜に居る・人）という若者が登場するなど、別系統の物語であって石狩川河口あたりが発祥の地とも言われるユカㇻ（ユーカラ、英雄詞曲）に近い。しかしKY－104には、カムィ・ユカㇻの形と内容が保たれている。

　このカムィ・ユカㇻでは、妹をねたんだ姉が妹を殺すが、やがて妹が生き返り、姉が罰を受ける。この姉の追放された先は真西で、二度とこの世に戻れないところである。ねたみやさもしい心（ウェイサンペ）を拒絶する考え方に基づいている。

B1－13：O－7．アエオィナカムィが自分のことを謡い聞かせる。（平賀エテノア、1932．9．4）アィヌラックルが飢饉魔と戦って六重の地獄へ落とし、カムィたちから感謝される話

　人間の村の飢饉を見かねたアィヌラックルの養姉が、日々食料を与えて助けていたが、それもかなわぬほどになる。アィヌラックルが飢饉の元である魔物を討ち取り、その後は、野山にも川にも鹿や魚が満ちるようになる。

飢饉の原因は、飢饉魔（大地の老婆）が、シシリムカ（沙流川）にネシコ（クルミ）やチクペニ（エンジュ）などの木で網代をかけるので、川水に毒や濁りが出て、魚が住めなくなったことによると説明される。

　サワグルミもオニグルミもイヌエンジュも、北海道の山地や川筋に生える。オニグルミの葉や枝から滲出する液には毒性があり、未熟な果皮には皮膚炎を起すような成分が含まれる。川を塞ぐように倒れたこれらの木々が取り除かれず、水質が悪くなったような状況を述べたものであろう。

　人間界に飢饉という悪を及ぼす元凶が、最も重い六重の地獄に落とされるというこの説話には、何事にも原因があるはずだというと考えと、それには適切に対応しなければならないという教訓とが含まれている。

B 1 － 14：O － 8. アエオィナカムィが自分のことを謡い聞かせる。（平目カレピア、1936. 11. 24）

　アィヌラックルが飢饉魔と戦って勝利し、人間に感謝され、敗北した飢饉魔は六重の地獄に落とされる説話のひとつであるが、O － 7（B 1 － 13）とは違う点がある。O － 7では、飢饉魔は沙流川に網代を掛け、クルミの木やエンジュの木の梁ぐいを立てたために汚水が流れて、魚がいなくなる。O － 8では、飢饉魔が雪を降らせたり、その雪を溶かしたり、濃霧を立ち込めさせたりしたので飢饉になる。これは、長期間の冷害のことを言っているのだろう。

B 1 － 15：O － 16. アィヌラックル（小オキクルミ）が物語る。（平賀エテノア、1932. 9. 22〜23）

小オキクルミが山へ狩りにでかけ、石狩のカムィ（アンルルンのカムィ）の婚約者である美少女の肌に触れる。石狩のカムィは小オキクルミに決闘を挑み、それぞれの憑き神同士も戦う。長年の戦いで国土は焦土と化すが、ついに小オキクルミが勝ち、石狩のカムィは真西に去る。少女は勝った小オキクルミの妻になる。

　この戦いは、当事者同士が一対一で戦い、憑き神も憑き神同士で戦うところは縄文型の戦いであるが、勝った小オキクルミの立場が一方的に容認されるところが、弥生型の戦いの考え方である。カムィ・ユカラにオキクルミが主人公として登場するようになると、多くの場合、オキクルミの行為が正当化されるが、その典型のひとつといえる。しかし、真西に沈んでいく石狩のカムィの無念さを想像できるほどには、小オキクルミに一抹の後ろめたさがあるようにも見える。

　石狩のカムィは真西に沈んでいったが、このようなとき、アイヌの人々は、どのような罪に対する罰であると考えるのだろうか。これは「負けたのが悪い」という、弥生の心そのものである。よく似たO－17（B6－16）では、アィヌラックルの行為を養姉がたしなめる。こちらには、縄文の心の名残が感じられる。

B2　追放されたり死んだりしても、この世に戻れたり天に送られたりすることもある（4編）

B2－1：KY－10. 山のぬしのカムィ（ヒグマ）の娘が自分のことを謡い聞かせる。（平目カレピア、1936. 2. 17）

　凶暴であるために、親や兄弟に監視されていたヒグマの娘が、家を抜け出して、人間の村おさの一人娘を殺してしまう。殺された娘を生き返らせなければ、ヒグマ一家を眷属もろとも地獄へ落とすという、

火の女神からの伝言が届く。ヒグマの娘は村おさ宅へ出かけ、殺された娘を生き返らせ、その場でしとめられる。ヒグマの娘は善いカムィ用のイナゥをもらって立派に送られ、カムィの国で凶行を後悔しながら暮らし、若い雌グマたちを諭す。

アイヌの人々は、天与のたましいがなくなることはないと考えた。最悪の凶事を働いたものでも、最大の罰である真西や六重の地獄に追放されはするが、そこで生き続けさせられるという考えである。もし、何がしかの善心が残っていたり、善行があったり、後悔して反省したりすれば、そのことに対してイナゥをもらうことができ、それを持って天のカムィの国に帰ることができるとも考える。そのような内容のカムィ・ユカラは、アィヌラックルが脇役として登場するものにも見受けられ、縄文の心の名残であろう。

B2－2：KY－25. キツネのカムィが物語る。（平目カレピア、1936.　4.　7）

キツネが眷属の乱暴狼藉の責任を取らされて、鳥も人も住まない国（重罰を受けたものが追放されるところ）に行くよう、オキクルミから命じられる。水のカムィは引きとめたが、キツネは青草でペンチャイ（弁財船）と和人60人とアイヌ60人を作って船出する。途中、イペクルィセィに戦いを仕掛けられ、何もかも食い尽くされ、キツネは背骨だけがオキクルミに助けられる。キツネを元通りに治したオキクルミは、キツネの本来の使命は人間の国を守護することであるのだから、今後は本分を尽くせと諭す。危うく地獄へ行きかけたキツネは、オキクルミのおかげで生還した。

オキクルミ、弁財船、和人などが登場し、交易時代以降の成立を思わせるが、アイヌと和人は協力して舟をこいでいる。クルィセィはKY

－62（B6－11）にも登場し、辞典によっては鳥の一種とも説明される。この説話には、青草で造った船やたくさんの人を食い尽くすとか、キツネがうわさによって知っているとかが述べられていることから、イナゴなどバッタ科の昆虫のことと思われる。19世紀末（1888）に北海道でトノサマバッタの大発生による蝗害があったことの記憶が残っていた時代の成立のように思われる。このカムィ・ユカラ採録当時（1930年代）、二風谷の伝承者たちは、クルィセィはバッタのことであると認識していたそうである。

B2－3：KY－36．クモのカムィが自分のことを謡い聞かせる。（平賀エテノア、1932．8．31）

　クモのカムィは、夫のフクロウが村おさであるが、醜男なので不満である。あるとき夫は遠近のカムィたちを招いて酒宴を催した。カムィたちの中でひときわ美しい若いシャチのカムィに心を奪われたクモのカムィは、言い寄ったり、シャチの居宅に押しかけたりするが、散々打ちのめされて追い返される。殺されずに帰宅して、夫からも強く叱られて反省し、以後は夫によく仕える。

　酒宴の準備から宴席の雰囲気、押しかけ女房よろしく若いシャチのカムィを追いかける様子、シャチの住処の辺りの海の描写など叙述がくわしいが、単純で穏やかな内容である。オキクルミが登場するよりも前の時期の成立ではないだろうか。

B2－4：KY－102．真の長者が物語る。（平賀エテノア、1932．11．2）

　あらすじはV－2－2－bで述べた。

　舟に造ってもらうべき天命にそむいて人間に化けた上に悪事を働い

た立ち木のカムィが、天罰を覚悟する。最期にあたって示した善心を
長者が認めて、イナゥを持たせてカムィの国へ送ってやったという説
話。

　天命にそむいてはならないという考え、しかし、その魂が完全に無
に帰すことはなく、別の生き方をさせられたり、イナゥをもらって送
られたりするものであるという考え（縄文の心）が生きている時期の成
立であろう。

Ｂ３　本来の姿を奪われて、追放先で生きる（３編）

Ｂ３－１：ＫＹ－21：沖の女（シャチのカムィの妻）が物語る。（平賀エテノア、
1932. 10. 12）

　あらすじはⅤ－２－１－ｃで述べた。

　夫（シャチのカムィ）の浮気の相手である山のカムィ（クマ）の娘に決
闘を挑んだ沖のカムィ（シャチ）の妻は、戦いには勝つが、夫の怒りに
よってリスに変えられて、海には戻れなくなる。夫はたたかいに負け
た山のカムィの娘を生き返らせて、赤子と共に海に連れていく。

　ＫＹ－１（Ｂ５－１）では、浮気した夫がつぐない品を出して許しても
らう。

　ＫＹ－48（Ａ７－４）では、浮気した夫はつぐない品を出さずに帰宅
し、相手の宝物が妻の元に飛んでくる。妻は相手に同情して夫の相妻
（妾）にし、みんな仲良く暮らす。

　ＫＹ－53（Ｂ６－10）では、妻が夫の浮気の相手の宝物を取り、夫を
連れ帰る。

　夫の浮気というきっかけと、女同士が渡り合うところは同じである
が、結末が四話四様である。中でもこのＫＹ－21の夫は、カムィ・ユ

カムイに主役または脇役として登場し、何をしても結局は優位に立つオキクルミに似ている。結末も、KY-1やKY-48やKY-53では平穏な暮らしに戻って、縄文の心が生きているのであるが、KY-21の結末はこれらとは著しく異なっており、それまでにはなかった価値観がはっきりあらわれている。時代が下り、交易など他民族とかかわる中で、縄文の心にはなかった価値観に接することが多くなっていき、アイヌの社会全体に、いろいろな考え方が生まれたり受け入れられたりするようになった頃の成立であろう。

B3-2：KY-52. ケムチカッポ（メナスンマッ）が物語る。（平目カレピア、1936. 1. 26)

　ケムチカッポ（ケム・チカッポ、血・小鳥）は血のように真っ赤な鳥で、昔、メナスンマッ（メナシの女）だった。「自分の持ち物を入れるござ袋には上中下それぞれに三種類の刀を入れてあるから、何かあったときは自分がこれを用いて解決しますよ」と、ポィサルンクルに向かって述べたところ、ポィサルンクルは何を思ったか自殺してしまう。メナシの女も自殺して後を追っていくが、ポィサルンクルは許さない。メナシの女はケムチカッポになってさまよい、自殺するなと鳴いてまわる。

　メナシの女とポィサルンクルの間柄や、ござ袋の中身の話がどのようなことを意味しているのかや、ポィサルンクルがどういうわけで自殺したのかや、ポィサルンクルがメナシの女を拒絶する理由など、分からないことが多い。自殺をいましめていることが主題のひとつであろうが、メナシの女がケムチカッポに変わることも含めて、脱落部分がたくさんあるように思われる。

ケムチカッポは久保寺訳では赤雀となっているが、北海道で見られる全身赤い鳥はアカショウビン（夏鳥。ホトトギスくらいの大きさ）またはオオマシコ（冬鳥。スズメくらいの大きさ）であろう。俗に赤雀とも言われる紅雀（ベニスズメ）は、雀よりもずっと小さく、温暖地方の芦原などに居る。

B3-3：KY-64. フリ鳥が物語る。（平賀エテノア、1932. 9. 26）

　フリという鳥が、住処にする黄金のエゾマツと共に、カィカユシトー（カィカィ・ウシ・トー、さざなみ・立つ・沼）という沼の上手に、天から下ろされる。沼にはスプラカィネとカィラカィネという魚がいて、人々やカムィたちが取りに来るが、フリは彼らを殺して食いつくし、魚を独り占めにしている。あるとき貧相な姿のオキクルミが沼で魚を取るので、フリは攻撃するが、逆に滅多打ちにされて切り刻まれる。フリの肉片は鳥や虫にされて、人間の国土の西の果てに追放される。オキクルミのこらしめであることを知ったフリは、悪い心を持つなと眷属を諭す。

　国土の西の果てに追いやられたり、六重の地獄に落とされたりするのは最も重い罰であるが、まず本来の姿からつまらない小さなものに変えられて、そのあげく追放されるという罰も多い。天与の姿が失われること自体が、すでに罰なのである。

　大きな沼に居る魚としてカムィ・ユカラによく出てくるのは、アメマス（降海型。陸封型はエゾイワナ）とイトウ（河川・湖沼に生息。一部降海）とウグイである。このKY-64の2種の魚（スプラカィネとカィラカィネ）については、現代のアイヌの人々に共通の認識がないということである。

B4　格を下げられて、この世で惨めに生きる（6編）

B4－1：KY－14．ウェナヮサルシ（悪いけだもの）が物語る。（平目カレピア、1936．2．9）

　人間の魚干し竿や肉干し竿を盗んでは、自分の食料にしているウェナヮサルシ（ウェン・アヮ・サヮ・ウシ・イ、悪い・半分・しっぽ・ついている・もの）が、オキクルミから1本のイナゥキケ（削り花）をもらって、言われた通りに海の向こうの国に行くと、そこには似たような輩がたくさんいて、テンムンやコンブなどを掘っている。とても食えるようなものではなく、いよいよ飢え死にしそうになり、これがオキクルミによるこらしめであると悟って、人間のものを盗むなと眷属を諭す。

　カムィ・ユカヮでは、ウェナヮサルシは、クマとも化け物とも解されているが、ここではクマであろう。テンムンとは何か。テンムンを掘り起こす、コンブを掘り起こす、という対句になっているので、コンブと同じように北の浅い海の岩場などに着生している海草であるとすると、アマモ（藻塩草）などが考えられる。

B4－2：KY－15．ウェナヮサルシが自分のことを謡い聞かせる。（平目カレピア、1936．2．19）

　KY－14と同じ話を、同じ伝承者が10日後に語ったものであり、長さは同じであるが、叙述の語句や語り口が非常に違う。違いの原因はわからない。

B4－3：KY－42．ミミズの年寄りが物語る。（平目カレピア、1936．2．28）

　ある沼にすむミミズの年寄りが、ガマを刈りに来る男女に絡みついては殺していた。ある日、金の鎌と銀の鎌とを身体の前後に佩びた男

女がやってきて、たくさんのガマを刈り取る。ミミズは女に絡みつい
たが、男がミミズを切り刻んで捨てた。ミミズは何とか生き返った
が、元通りの姿にはならなかった。ミミズはオキクルミのこらしめで
あることにきづき、人間には決していたずらするなと眷属を諭す。こ
れも本来の姿を失うことが罰のひとつであることを述べたもので、縄
文の心の名残であるといえる。

　山のミミズは太くて長い。20センチは優にあるが、釣り餌にするミ
ミズと同じように、白い輪状の部分が目立つ。この部分ができた由来
を述べた説話なのだろう。

B4－4：KY－65．フリ鳥が物語る。（平賀エテノア、1929．8）

　沼地のなかほどのエゾマツの巨木にフリがすんでいて、クマでも、
シカでも、アイヌでも、海獣でも、和人でも全部食い尽くしていた。
あるとき赤子を負ぶった女がウバユリの根（上質の澱粉がとれる百合根）
を掘りに来たので、母子もろとも巣へ運んだ。いざ食おうとした時、
男が現れ、矢を射られ、さらにこん棒で滅多打ちにされて殺された。
何とかフミルィ（フミ・ルィ、その声・ひどい、エゾライチョウ）に変わっ
て生き返ったフリは、これが小オキクルミによる罰だったと悟り、決
して悪い心を持つなと眷属を諭す。

　これも本来のすがたを剥奪して違う姿にする罰である。

B4－5：KY－68．シリカプ（メカジキ）のカムィが自分のことを謡い聞かせる。（二谷国松、1935．4）

　オキクルミとサマユンクルが沖漁に出て、メカジキに銛を打ち込む。
メカジキは素直に獲物にならずに二人を引き回し、サマユンクルは力

尽きて死ぬ。オキクルミは自分の銛の性能の高さの由来を説明したり、メカジキの惨めな死に様を予言したりして、一人でメカジキを倒す。メカジキは予言どおりに骨だけになって、オキクルミの便所の骨組みに使われてしまう。

　このカムィ・ユカラの叙述から、その当時のメカジキ漁に用いる銛は、銛先が金属、銛身が骨、綱がイラクサとシナノキの皮でできていたことがわかる。

B4−6：KY−76．大空のカムィ（雷）が物語る。（平賀エテノア、1932. 8. 31）

　雷のカムィが人間の村を見物しつつ巡行する。オキクルミは村人に慎み深くふるまうようにさせる。サマユンクルも村人に謹慎するよう号令をかけるが、二人の女が従わずに雷のカムィに不敬な行動をとる。怒った雷のカムィがサマユンクルの村を焼き払うが、件の女二人が生き残っている。雷のカムィは女たちを罰して、それぞれの隠し所に重い罰としてドロノキ（ドロヤナギ）の小さい葉を、軽い罰としてカシワの大きい葉をつける。

　この説話や、着衣を剥ぎ取るKY−48（A7−4）の場合は、六重の地獄や真西への追放ではないし、本来の姿の剥奪でもないが、恥をかかすことも罰し方のひとつだったのだろう。

　このカムィ・ユカラには、雷が登場する時に挿入されるサケヘ（リットゥンナとフンパクパク）が両方とも使われている。

B5　反省して謝罪し、つぐない品を出して許される（1編）
B5−1：KY−1：カムィフチ（火の女神）が自分のことを謡い聞かせる。（平

賀エテノア、1932. 9. 6）

　このカムィ・ユカラはV－1－1－aで詳しく述べた。話の筋として
は、女のカムィが夫の浮気相手と一騎打ちをするところが、KY－21
やKY－48と同じであるが、夫の態度や結末が違っている。

　KY－1では、夫がつぐない品と共に詫びをいれて、元通りの平穏な
日々に帰る。

　KY－48では、夫の行為は不問に付され、夫の愛人は恥をかかされ
たものの許される。

　KY－53では、妻は戦わずに、つぐない品と夫を持ち帰る。

　KY－21では、不義を働いた夫が正当化され、夫の愛人を傷つけた
妻のほうが罰せられる。

　アイヌ社会における倫理観は、時代が下るにつれて縄文の心から離
れる方向に移っていくように思われる。

B6　殺された、死んだ、逃げた、などで終わってその後が不明（16編）

B6－1：KY－4．クモのカムィが物語る。（平賀エテノア、1932. 9. 6）

　あらすじはV－1－1－bで述べた。

　クモのカムィを奪いに単身乗り込んだ巨大な魔物が、それぞれ特技
を持つ針、栗、スズメバチ、蛇、杵、臼というクモのカムィの配下と
順次一対一で戦っていき、最後に大音響と共に死ぬ。その後のことは
わからない。しかし、多くの例から推測すれば、大音響と共に死ぬと
いうことは、二度とこの世には戻れない場所で生き続ける罰を受けた
ということである。

　アイヌの人々は、カムィはカムィ同士、魔物は魔物同士の組み合わ
せを是とし、クモのカムィと巨大な魔物の組み合わせは認めないとい

うことを述べている。

B6-2：KY-5．叙述者不明。（平目カレピア、1936．2．3）

のど首が六つある化け物がクモのカムィを襲いに来るから備えるように、くちばしと脚の赤い鳥が知らせる。化け物は、六つの首からそれぞれ違う声を出しつつやってくるが、クモのカムィが配置した栗、針、スズメバチ、蛇、杵、臼と順次一対一で戦って、大音響と共に死ぬ。おそらく六重の地獄に落とされたのだろう。

KY-4とKY-5とは、カムィ・ユカㇻの文芸論で猿蟹合戦型説話として、その発生や伝播経路に関心が持たれている。

KY-5でもKY-4（B6-1）と同じように、クモのカムィと化け物の組み合わせが否定されている。また、どちらの説話でも、魔物をよってたかって倒すのではなく、それぞれの特技のあるものが、順次その力を発揮していくところが、縄文型の戦いである。

B6-3：KY-11．山のぬしのカムィ（クマ）の娘が自分のことを謡い聞かせる。（平賀エテノア、1932．11．13）

山のぬしのカムィ（クマ。ヒグマ）の娘は獰猛なので、両親や兄たちの監視下で暮らしている。あるとき家を抜け出し、山で草刈りをしている人間の女を殺して食ってしまった。娘の父親は、火の女神からの強い抗議を受け、娘を折檻する。二人の兄が殺された女を生き返らせてから、妹を山奥へ連れて行き、サルナシの蔓に引っ掛けて放置する。何年もたち、娘の身体からはマタタビが生え、その実を食いに来た悪いカムィどもの排泄物にまみれて、娘はイナゥをもらうことなく惨めに死ぬ。これが自分の悪行へのこらしめであったことに気づいた

娘は、悪い心をもつな、と若い雌グマらを諭す。

　KY－10（B2－1）のヒグマの娘は、人間の女を殺した後、自分で生き返らせてから討たれ、善いカムィのためのイナゥをもらった。KY－11のヒグマの娘は、人間の女を殺し、生き返らせたのは兄たちである。山中で惨めに生きたあげく惨めな死に方をした。罰の種類が違うのはどういう理由だろうか。責任は、当人が負わなければならないという縄文の心が働いているものと思われる。

B6－4：KY－22．キツネのカムィが物語る。（平賀エテノア、1932．11．2）

　キツネが人間の話を盗み聞きして、まんまと魚をせしめる。二度目には、人間のうそ話を見抜けずに、まんまとわなにはまって毒魚を食い、その死に際に、人間のものを盗むな、と若者どもを諭す。

　キツネがだましたり化けたりする話は、古今東西に共通する。その一方、キツネの生態と人間の暮らしとに、どのような普遍的な関係があるのかは、あまり語られない。アイヌの人々は、家畜化されていない野生生物をカムィと呼んで、一歩離れて対していたのだろう。

B6－5：KY－23．キツネのカムィが自分のことを謡い聞かせる。（平目カレピア、1936．2．19）

　オキクルミの妹に一目ぼれしたキツネが人間に化けて、オキクルミの家を訪ねるが、オキクルミにおだてられて、いい気になっているうちに、化けの皮がはがれる。逃げ切れずにオキクルミに滅多打ちにされたキツネが死に際に、決して化けたり人間にほれたりするな、と眷属を諭す。死んだキツネがその後どうなったかはわからない。

B6－6：KY－28. 悪いウサギが自分のことを謡い聞かせる。(平村カヌンモレ、1935. 12. 30)

　ウサギが人間にこびるような動作をしながら、サマユンクルの村に行く。サマユンクルは悪魔祓えの儀礼によってウサギを追い払う。オキクルミは丁重に迎えはするが、言葉巧みに、次の村へ行くように仕向ける。ウサギは次の村でいい気になって遊んでいるうちに、酔いつぶれて死にかける。それがオキクルミのこらしめであったことに気づいて、ウサギは死に際にこの話を語る。

　ウサギはよほどしげく人里に出没して、その生態を知られていた小動物だったと見え、良きにつけ悪しきにつけ、説話に登場する。役どころも、KY－2, 3, 28, 29, 30, 31それぞれ違い、人間模様の投影であるのだろう。

B6－7：KY－29. イセポトノ（ウサギの旦那）が物語る。(平賀エテノア、1932. 10. 7)

　ウサギが、仕掛け弓の弓のたわみ具合を見て、よけずに通り抜けて悦に入っていた。たわみのゆるい弓は弦が長くて、引き絞ると大きな反発力がある。ウサギはそれがわからずにいい気になって通ったが、毒矢に当たってしまう。ウサギは死に際に、仕掛け弓を見たら通ろうとせず避けるように、子孫に言い置く。

　人間との接触の多いキツネやウサギは、悪知恵が働くものとされて人間とやりあうが、結局人間に負けるという説話がカムイ・ユカラに多い。

B6－8：KY－37．サクソモアイェプが物語る。（平目カレピア、1936. 1. 14）

　ウグイとイトウがたくさんいる大沼の中央に、サクソモアイェプがすんでいる。ある日、沼で魚をとるオキクルミとサマユンクルを追い回して、沼の中から陸上に追い出したが、サマユンクルは疲れて死ぬ。オキクルミは滝のような大雨やみぞれの援護を得て、弓とこん棒によって、サクソモアイェプを打ちのめす。サクソモアイェプは死に際に、オキクルミに挑むような馬鹿な真似をするな、と眷属を諭す。

　サクソモアイェプは、「夏にはその名を口にして呼ぶようなことをしてはならないもの」という想像上の魔物とされ、大蛇とか竜蛇と訳される。蛇は冬眠するものだから、夏には強いが低温に弱い。退治するには大雨や冷たいみぞれ（雪混じりの雨）の力を借りる。姿は、和人の知識や想像と同じく、鱗があり翼が生えた大蛇のように考えられていて、沼や湿地にすんでいるが、波を立てて陸に上がることもできる。歩いた跡の草木は枯れる。これらのことから、サクソモアイェプとは、気温が高くなると盛んに沼から噴出する有毒ガス（硫化水素など）のことを言っているように思われる。

B6－9：KY－41．カエルのトノ（旦那）が物語る。（平目カレピア、1936. 1. 10）

　カエル夫婦が巫術によってオキクルミの妹を眠らせる。眠りから覚めた妹は、草を2匹のカエルに変えて相撲をとらせ、カエル夫婦も勝負に加わるように仕向ける。相撲をとっていたカエルは全部股から裂けて、惨めに死ぬ。オキクルミの妹は、ごみと一緒に叩きつけていましめ、カエルの旦那は眷属に、人間にいたずらするなと諭す。

主人公がカエルである必然性や主題がよくわからないが、オキクル
ミを登場させるようになった初期の頃の成立かもしれない。

B−6−10：KY−53.　キカオレゥのカムィが物語る。(鹿田シムカニ、
1940.　8.　19)

　キカオレゥ(キ・カ・オレゥ、アシ・の上・に止まる)の夫が浮気して、
大空のカムィの妹のところから戻らない。キカオレゥは訪ねて行って
さえずり、夫の小袖や大空のカムィの妹の着衣をはがす。大空のカ
ムィの妹の宝物をつぐない品として取って、夫をつれて帰宅し、その
後豊かに暮らす。

　KY−1(B5−1)と似たところがある説話であるが、女同士が一対
一の戦いをするのではないこと、夫がつぐない品を持って帰って詫び
るのではないこと、元通りというよりは暮らしが豊かになったことな
ど、縄文の心は薄れていて、少し後の成立のように感じられる。

　キカオレゥは、アシやオギなどの茎の上に止まるものの意味で、久
保寺訳では葦鳥となっている。ノビタキがモデルかもしれない。ノビ
タキはスズメくらいの大きさの鳥である。草原のヨシ、カヤ、オギな
ど背の高い草のてっぺんに止まって、縄張りに入り込むものは、カラ
スであれカッコウであれ追いかけて追い出すほど、気の強い小鳥であ
る。本州では高原の野鳥であるが、北海道ではふつうに見られる。

　アイヌの人々は、身近な生き物の一つ一つについて、人間にはない
それぞれの特徴と、もしこれが人間だったら……という思いを込め
て、カムィ・ユカゥに託して述べている。

B6－11：KY－62．村おさのカムィ（フクロウ）の妹が物語る。（平賀エテノ
ア，1932．9．9）

　村おさのフクロウのカムィの元に、アンルルンのカムィと名乗る青
年が遊びに来る。フクロウのカムィは酒宴を催し、その妹の婚約者で
あるポロシリ岳のカムィをはじめ、カムィたちを招待する。妹は酌を
してまわる。ポロシリ岳のカムィは宴たけなわの頃やってきて、アン
ルルンのカムィに出し抜かれたと思い込む。ポロシリ岳のカムィはア
ンルルンのカムィとの戦いを準備しに、ポロシリ岳に戻る。アンルル
ンのカムィは、フクロウの妹を目釘に変えた刀を持って、単身ポロシ
リ岳に向かい、そこでポロシリ岳のカムィと戦う。ポロシリ岳のカ
ムィには、武装した村人のほかに、ホロケゥ（オオカミ）、フリ、クル
ィセィなどの眷属の手兵が居る。長期の悪戦を制したアンルルンのカ
ムィは、フクロウの妹を妻にして、不足のない暮らしをする。フクロ
ウは、アンルルンのカムィがアイヌラックルであったことに気づく。

　このカムィ・ユカㇻはKY－61（B1－7）と同じく、物語としては「妻
争い」の部類に入れられるが、いろいろな考え方が述べられていて、
話を膨らませている。

①村おさのカムィ（フクロウ）は、妹の婚約者（ポロシリ岳のカムィ）を
　一番先に招待する。

②ポロシリ岳のカムィがアンルルンのカムィを見て勘違いをして、戦
　いの準備のために帰館する。

③ポロシリ岳のカムィは村人を武装させ、アンルルンのカムィの宝物
　を奪ってくれば優遇すると鼓舞する。

④ポロシリ岳のカムィには、手兵となるいろいろな眷族が居る。

⑤アンルルンのカムィは靄に身を隠しながら、刀1本でたたかう。

⑥戦いに勝ったアンルルンのカムィが正当であるとみなされる。

⑦アンルルンのカムィがアイヌラックルであったことがわかる。

⑧ポロシリ岳のカムィがその後どうなったかは不明である。

　アンルルンのカムィは、疑いを晴らすために、ポロシリ岳のカムィの挑戦に応じた。これは、縄文の心である。

　ポロシリ岳のカムィは、村人たちに、アンルルンのカムィの宝物を奪ってくれば長者にすると言う。宝物を奪うことを目的にして戦わせるというのは、弥生型の戦いの考えである。本稿の資料全123編の中で、この考えをはっきり示したくだりがある説話は、このKY－62だけである。

　ポロシリ岳のカムィには手兵がたくさんいる。ホロケウ（オオカミ）は獣の代表である。ヤヤン（普通）が60、ルカネ（鉄）が60である。フリ（オオワシなど）は鳥の代表で、普通が60と鉄が60である。クルィセィ（イナゴなど）はかじる虫の代表で、これも普通が60、鉄が60である。アンルルンのカムィには手兵がいない。

　このKY－62は、アイヌの人々が和人や他民族との戦いのみならず、自分たちの社会でも弥生型の戦いをするようになる兆しをはっきりと表している。

　ポロシリ岳のカムィとアンルルンのカムィの戦いには、まだ一対一の縄文型の戦いの名残があるが、ポロシリ岳のカムィは武装した村人や手兵をひきいている。さらにアンルルンのカムィの宝物を奪えという利益誘導をはかるところは、すでに弥生型の戦いそのものである。

　戦いの型のこの変貌は、カムィ・ユカラにアイヌラックルが登場することと並行している。

　ヤヤン（普通）に対するル・カネ（粗い・金属）は、金でも銀でもない

ただの金属、つまり鉄のことであろう。このことは、KY−78（B1−10）で述べた。クルィセィはイナゴやバッタのことであろう。このことは、KY−25（B2−2）で述べた。

B6−12：KY−67. シリカプ（メカジキ）が物語る。（平賀エテノア、1932. 10. 17）

　KY−68（B4−5）と話の筋はほとんど同じである。

　サマユンクルと共に沖漁に出たオキクルミが、メカジキを銛で打つ。メカジキは逃げ回り、サマユンクルは疲れて死ぬ。オキクルミはメカジキに引導を渡して綱を切り、陸に上がる。メカジキはオキクルミの予言どおりに、身体にイラクサの原やシウリザクラの林が茂り、体内では骨や金属のけたたましい音がして、疲れきって浜に打ち上げられる。その後もオキクルミの予言どおりに、キツネや鳥どもに痛めつけられて、ついに土と共に腐り果てる。メカジキは、オキクルミをただの人間だと思って侮ってはならない、と眷属に言う。

　KY−68（B4−5）はこのKY−67の半分ほどの長さであり、メカジキが懲らしめられる描写が簡単であった。また、メカジキは骨だけになった後、オキクルミの便所の骨組みに使われた。KY−67では、メカジキが土に帰るところで話が終わる。この違いは何によっているのだろうか。どちらも採録は沙流川筋であり、採録時期は1930年前後であってあまり違わない。この違いは、伝承者がKY−67は高齢の女性、KY−68は壮年の男性であるために、説話の解釈や叙述の合理性、結末への関心の置き所が違うことに起因しているのではないだろうか。

　ちなみにこの資料全123編は、約93パーセントが高齢の女性による伝承である。

B6-13：KY-77. 大空のカムィ（雷）が物語る。（二谷国松、1935. 3. 3）

　KY-76（B4-6）と同一のものの異伝とされ、雷神が巡行する時は、戸外で作業をすべきではない、ということを教えている説話である。ふたつの間に本質的な違いはないようだが、KY-77では雷の威力を侮った村は、人間から虫に至るまで焼き尽くされる。KY-76では不届きな女二人が生き残るが、結局はずかしめを受けて話が終わる。またKY-76にはオキクルミとサマユンクルが登場するところが少し違う。

　アイヌの人々が恐れた天災のひとつに、落雷がある。KY-76とKY-77の説話は、発雷時に金物（鍋、刃物）を戸外で扱うことを戒めており、昔あったという落雷による火災や崖崩れなどの災害の事実、にまつわる言い伝えのひとつと考えられる。

B6-14：KY-103. 叙述者不明。ワリゥネクル（若君）の身の上話。（平賀エテノア、1932. 10. 28）

　ワリゥネクル（若君。小オキクルミ）は、養姉に育てられているが、あるとき、川向こうの小父と小母が娘夫婦のためにつらい目にあっているから、助けたらどうかと言われてでかける。娘婿というのは異形であったが、狩猟の名手であった。娘夫婦はいつも自分たちだけでうまいものをたらふく食べているのに、小父や小母には汁の残りすらくれない。ワリゥネクルは娘婿をタコ漁に誘って、タコと戦わせたまま、自分は帰ってくる。婿はしばらくして生還するが、妻と共にどこかへ去る。ワリゥネクルはその後もしばしば小父と小母の面倒を見る。

　KY-103で異形の娘婿が排斥されるのは、その風体のせいではな

く、義父母への当然の行いを履行しなかったことによる。ここには縄文の心が見て取れる。また、タコとの戦いの後生還して、妻と共にどこかで生きながらえるというのも、縄文の心の延長であろう。ワリゥネクルをカムィ・ユカラに登場させたいという気持ちと共に、カムィ・ユカラの底流にあるアイヌの人々の考え方や倫理観が移り変わっていく、そのかなり初期のころの成立であると思われる。

　この説話に出てくるタコ（綱をもつカムィ）は、ミズダコである。大きいものは体長3メートルにもなり、日本では、東北以北でタコといえばミズダコであり、北太平洋の亜寒帯のタコである。これを本州の人が、食卓の刺身の小片やおせち料理の赤く染めたタコと思うと、この話もおとぎ話のように扱われるのであろう。

B6−15：O−9. アエオィナカムィが自分のことを謡い聞かせる。（平目カレピア、1936）

　O−10（A7−24）と同じく、アィヌラックルが疫病神を退ける話。

　アィヌラックルが浜のあたりの見回りをしていると、アオダイショウのカムィが、「多数の舟が押し寄せてくる」と告げている。船団が疫病神のものであることに気づいたアィヌラックルは、尊いカムィ（草人形のカムィ）を60体作って、船団に立ち向かわせ撃退させる。集団同士の戦いで、草人形たちもほとんどたおれたが、それらの死んだ魂は、河童のカムィになった。海で戦った草人形が元だから、河童は海でも暮らして行ける。また、草人形の腕のつくりと同じように、河童の腕はひっぱれば左右つながって抜ける。

　O−10との違いは、河童の起源と、腕がつながって抜けるという俗説を説明しているところである。

B6-16：O-17.　アィヌラックルが自分のことを謡い聞かせる。（平目カレ
ピア、1936）

　アィヌラックルが山へ狩りに行き、沼の畔で美少女を見かけていた
ずらする。少女は沼の女神で、その婚約者アンルルンのカムィが決闘
を申し込み、互いの勇猛さを試す。アィヌラックルが勝ち、アンルル
ンのカムィの死んだ魂は、大音響と共に大空へ去る。帰宅したアィヌ
ラックルは養姉に叱られ、ふて寝をして過ごす。やがて沼の女神が訪
ねてきて、アィヌラックルの妻になる。

　アンルルンのカムィとアィヌラックルとが決闘をすること、アィヌ
ラックルに侮辱されたほうのカムィが敗北すること、負けたカムィの
婚約者がアィヌラックルの妻になることはO-16（B1-15）と同じであ
るが、いくつか違うところがある。

　①O-16では両者の憑き神も憑き神同士で戦う。
　②O-16では、アンルルンのカムィの婚約者の少女が、戦闘中のア
　　ィヌラックルに高盛りの飯を、新郎に差し出すようにして食べさ
　　せる。
　③O-16では敗北したアンルルンのカムィの死んだ魂が、真西の
　　方に沈んでいくが、O-17では、アンルルンのカムィの死んだ魂
　　は、大空へ上っていく。
　④O-16ではアィヌラックルは意気揚々と帰宅して妻を迎えるが、
　　O-17では養姉に叱られてふて寝する。

　O-16とO-17とでは、似たような戦いの発端であるが、戦いの経
過や結果については、このO-17にまだ少し縄文の心と縄文型の戦い
の形が残っている。

O-16では、憑き神は憑き神同士で戦うところは縄文型の戦いの形であるが、戦いに勝ったアィヌラックルが一方的に正当化され、敗北したアンルルンのカムィが真西に沈んでしまうところは、弥生型の戦いの考えそのものになっている。

　同じようにアィヌラックルの身の上話の形ではあるが、おそらく、O-17の成立のほうが少し早い時期であろう。

C　カムィ・ユカゥが伝えてきたこと

　カムィ・ユカゥは弥生型の戦いを伝えなかった（Ⅵ）が、それでは、何を伝えてきたのか。本稿の資料全123編のカムィ・ユカゥによれば、コタンの皆が共有すべきアイヌ文化の考え方と知識と、アイヌ語の継承とを伝達してきたということが大きい。これらのことを、カムィ・ユカゥの話題と主題とが受け持ってきた。

　どのような行為や考え方がいけないのか、あるいは良いのかを、細かく例示して、それぞれに対して重さの違う罰を与えたり、格の違うねぎらいで報いたりする話題が、話題全体の半数近くを占めていた。このときの判断の基準になるのは、アイヌコタンの社会で、縄文の心（Ⅱ）に裏打ちされて形成されてきた倫理観であった。人々は、何が縄文の心に照らして善であり何が悪であるのかを、カムィ・ユカゥに親しみつつ、終始心して暮らしていたということではないだろうか。

　ものごとの起源や来歴や出自についての知識も大切であるし、日常生活の基本のみならず、イヨマンテその他コタンの行事やしきたりの意味と形式を伝達するものと、そのほころびをいましめるものとを合わせると、これらは話題全体の約二割を占めていた。つまり、カムィ・ユカゥは、全体の約七割が、コタンの皆が共有すべき考え方と知識の

伝達のための話題と主題であった。残りの部分で、さまざまな話題や主題の物語が展開するが、これらは、登場するカムィたちを人間に置き換えれば、人間が他人や自然とどのように付き合っているのか、あるいは付き合うべきか、天災や病気に対して、どのように処しているのか、あるいは処すべきかを述べた、人間世界のできごとの物語なのであった。

　こういったことがカムィ・ユカㇻによって伝えられてきたが、カムィ・ユカㇻを文学論によって、文学の発展における初期の（下位の）段階のものと位置づける視点からは、これらのことは見えない。死角なのである。

おわりに

　戦争のなかった1万年あまりの縄文時代が終わってから、まだ2千3百年ほどしかたっていない。明治になって、日本が北海道島を領土に編入して、アイヌの人々に対する同化政策を布くまでのその2千年あまりの期間、この北の大地には、日本文化とは違う精神文化と物質文化とが、日本語や日本文化に取り込まれずに続いていた。それは、縄文時代から続縄文時代を経て今日に続くアイヌ文化である。それならば、アイヌ文化の中には、縄文人の価値観（縄文の心）が今なお伝わっているのではないか。戦争をしなかった縄文人の精神文化と同質のものが、見て取れるのではないか。千島アイヌ語や樺太アイヌ語はすでに用いられておらず、その文化を知る手がかりがほとんどない。しかし、北海道アイヌ語は、現在も話す人がいて、20世紀に採録された口頭伝承が、文字や音や映像で残っていて、再現、復元、学習が進められている。1930年代に採録されたカムィ・ユカラに基づく久保寺逸彦博士論文に接した時、この推測を確かめることは可能であると思われ、作業にとりかかった。

　今日までに文字や音声によって記録されたアイヌの言語文化の原資料の多くは、今のところ未公刊であり、研究者でなければたやすく手に取ることができない。公刊されている久保寺論文には、カムィ・ユカラのアイヌ語原文が収められ、123編というのは多くはないかもしれないが、詳細な解説に助けられて、アイヌの人々の考え方や暮らしか

たを知ることができた。また用いたアイヌ語辞典は、著者ごとにそれぞれの特徴があって、互いに補い合っていた。

　たくさんの発見があった。

　①参照した資料全123編のカムィ・ユカラには、他者の持ち物を奪って自分のものにすることを目的にしたり、人間が兵器と同じく消耗品のように支配者の思惑通りに使われたりするという、古今東西の典型的な戦争を内容とする説話がひとつもなかった。オキクルミ（アイヌラックル）が登場する数編の中に、半分縄文の価値観（縄文の心）、半分弥生の価値観（弥生の心）による戦いの物語がひとつだけあった（KY－62：B6－11）。アィヌラックル（オキクルミ）がカムィ・ユカラに登場すると、縄文の心が薄れ、弥生の心が目立つようになることがわかり、カムィ・ユカラの成立の時期を推測する、ひとつの指標になるのではないかと思われた。オキクルミが不自然に名前だけ登場する説話では、縄文の心は保たれている。オキクルミが脇役ではあるが、一応役割を持っているような説話では、縄文の心が薄れつつあってもまだ残っている。オキクルミが主役になると、縄文の心はすっかり消え、オキクルミの言動のすべてが容認され、手段を選ばない戦いであっても、オキクルミが勝てば正当化される。あたかも、続縄文人やアイヌの人々が交易に組み込まれていった時に、初めは自分たちの価値観で行い、やがて、他の価値観に従って物々交換しつつも、自分たちの社会では贈与の形の分配（例えば盛大なイヨマンテの挙行とそこでのもてなし）によって自分たちの価値観を守り、ついに、すっかり別の価値観に埋没してしまったのと同じ変遷を見るようであった。

　②また、従来、荒唐無稽のように言われたり、伝承者の思い違いのようにみなされたりしてきたいくつかの叙述が、正確な状況把握と正

確な記憶による天災の伝承である、と判断できた説話がたくさん見つかった。

　たとえば、豪雨による高波と土石流のことを述べたKY－49（A 3－5）と、地震による海からの津波と山津波に対する臨機応変の対応のことを述べたKY－50（A 3－6）。アイヌの人々の自然現象を見る目は鋭い。動植物の生態についても、彼らの詳細な知識と同じレベルに立ってこそ、カムィ・ユカㇻの伝承の重みがわかる。

　飢饉の原因として想像された大地の老婆の説話は、倒木の不始末への戒めをのべたもの（O－7：B 1－13）、降雪や雪解け水や濃霧は長期間の冷害のこと（O－8：B 1－14）、海底の魔物とは寒流の南下のこと（KY－51：B 1－4）であろうと推測できた。

　サクソモアイェㇷ゚（竜蛇）が登場する説話の多くは、火山地帯の沼沢地での硫化水素ガスによる遭難のことを言っていると推測された。

　近年、地球上どこでも大規模な自然災害に襲われるようになって、現代日本人も自然現象に目を向けることが多くなったから、これまでのような安易な解釈は減少するかも知れないが、再検討を要する説話がたくさんあった。

　③主人公が「想像上のもの」となっていたり、不適切な訳語が当てられていたりしているカムィ・ユカㇻがおよそ15％あったことには驚かされた。文字も絵画もなかった口頭伝承において、聞き手の自由に任されざるを得ない「想像上のもの」を主人公としたものが、長年の伝承に耐えるだろうか。主人公が何者であるのか、話し手も聞き手も同じく納得してこそ、その説話の意味するところの理解が共有される。現代人の感覚に合わなかったり、知識が及ばなかったりするものに出会ったときには、理解することを放棄せずに、そのカムィ・ユカ

ラを謡い始め伝承し続けた人々の思いをくみとることに、もっと力を入れなければならないのではないだろうか。

④カムィ・ユカラがおとぎ話の一種のように扱われているのは、何に起因しているのだろうか。それは、アイヌ語の「カムィ」を一様に「神」という漢字に置き換えるならわしになっていることによる。現代人の暗黙の了解によれば、「神」とは、畏敬、崇敬、依拠、依頼などの対象である。一方カムィ・ユカラの主人公のカムィは、場面ごとに様々な様相を示す森羅万象である。クモや草やヒグマや雷や川の流れなどのカムィを「神」としてしまうことから来る現代人の感覚的不快感を、手っ取り早く解消する方法が、カムィ・ユカラをおとぎ話とみなして、アイヌ文化をアニミズムの支配する世界観に基づくものとして理解することであったようだ。アイヌ語では、「本当のこと」「真実」をアンペと言う。アン（存在する）・ペ（もの）である。カムィ・ユカラによって、アイヌの人々は、存在すると信じるものすべてをカムィと呼び、そのひとつひとつについての認識を、くい違いのないもの、真実なるものとして共有し伝承してきた。多数採録されているそれらのカムィ・ユカラの「カムィ」を「神」ではなく、そのまま「カムィ」と記す流れが日本語訳に定着すれば、アイヌの宇宙観や価値観などアイヌ文化に対する従来の紋切型・画一的な解釈が改められるのではないだろうか。

⑤何よりもの発見は、今日に至るまで、縄文の心は切り捨てられず、消滅せず、カムィ・ユカラという形で伝承されてきた、ということに納得のいく説話が極めて多かったことである。この口頭伝承が記録されていなかったなら、縄文の心という精神のあり方が実在して、縄文の平和が実在したということに気づくきっかけはなかった。この

作業は、カムィ・ユカゥという口頭伝承が、文字を拒絶したアイヌ文化においてきわめて重い位置にあった事実と、それを現代になって文字で記録したことの意味を考える機会でもあった。

　かつて、縄文人の子孫は弥生人（後の現代日本人）と住み分けることによって、縄文の心を保持した。やがて、アイヌの人々の精神は縄文の心から弥生の心へ徐々に移り変わった。明治以来の同化政策がその変化を速めもした。しかし、今日、アイヌの人々にはその変化の速度をゼロに近づけたり、向きを転換したりしようとする流れもある。カムィ・ユカゥは、現代日本人がアイヌ語やアイヌ文化を異質なものとして眺めるだけではなく、その底に伝わっていたアイヌの人々の価値観にも目を向けるきっかけと手がかりを与えてくれた。

　⑥本稿の作業では、弥生の心の継承者である古い時代の日本人の神観念や戦いの型を知る一助として、『古事記』を参照した。『古事記』の中・下巻に、縄文の心は見られなかったが、上巻の神々には、各地の豪族の祖や自然物を神格化したものや、自然現象を神格化したものや、死んだ神の各部位から転生したものがあり、アイヌのカムィ・ユカゥのカムィと似たところもあって、縄文の心の名残が感じられた。また『古事記』上巻に登場する神名は、その半数ほどが千年この方「名義未詳」のままであることを知った。神名のつくりと名義とをはっきりさせた上で『古事記』の内容を検討することと、そのために、古代朝鮮語と古代日本語の関係を究明することが必要であると思われた。戦いの理由と型についていえば、『古事記』の戦いはほとんどが「弥生型」であるが、上巻には、アマテラスとスサノオによる誓約（うけい）のように、「弥生型」でない戦いもいくつかあった。総じて、『古事記』は、上巻の編者と中・下巻の編者とが別の価値観・別の立

場であり、それら別の人物による合作品のような印象をうけた。

　作業にとりかかる前は、「戦争のなかった縄文時代」がもし本当に
あったのなら、人類史の中では特異な状態だったのだろうと思ってい
た。同時期の地球上では、いくつもの大文明が興ったり衰えたりして
いたし、文字が使われていたり、巨大な墓の造営があったり、宗教や
神観念の発達があったりしていたからである。一方、縄文人もアイヌ
の人々も国家を作らなかったのは、これらの人々の社会が、国家形成
の経済基盤となしうるような生業を持つことができなかったからだ、
という歴史学や社会学の通説への疑問もあった。まったく違う視点
として、「戦う理由」と「戦いの型」とを軸に縄文人の価値観を推測
し（Ⅱ）、アイヌのカムィ・ユカゥの中に縄文の心の痕跡をたずねてみ
て、戦争をしなかった1万年が確かなものに思われた。日本列島から
遠く離れたユーラシア大陸北西部の、日本の縄文文化に並行する新石
器文化でも、縄文時代と同じように、族長はまだ存在せず、巨石遺構
はあっても王の墓ではなく、戦争があったことを示す明白な考古学的
証拠がないという。彼らの自然観や対人関係のつくりかたを知って、
縄文文化と比べてみたいと思うようになった。彼らにも、すべての存
在を対等にカムィと呼ぶ文化をもつアイヌの人々のような後継者たち
が、現在もいるのだろうか。彼らの思い（ラム）も知りたい。

おもな参考資料

煎本孝『こころの人類学人間性の起源を探る』筑摩書房、2019.3

内田広由紀『定本和の色事典』視覚デザイン研究所、2011.4

内山幸子『イヌの考古学』同成社、2014.1

榎森進『アイヌ民族の歴史』草風館、2015.2

亀井孝他『言語学大辞典セレクション日本列島の言語』三省堂、1997.1

上垣外憲一『天孫降臨の道』、筑摩書房、1986.9

金子亨『先住民族言語のために』、草風館、1999.3

韓国考古学会編『概説韓国考古学』、同成社、2015.5

萱野茂『萱野茂のアイヌ語辞典増補版』、三省堂、2010.3

萱野茂『アイヌの民具』、すずさわ書店、1990.8

菊池俊彦『オホーツクの古代史』平凡社、2009.10

北原モコットゥナシ「先住民族アイヌの精神世界を知る」『別冊太陽アイヌをもっ
　　と知る図鑑』平凡社、2020.5

金思燁『古代朝鮮語と日本語』六興出版、1988.3

金両基他『図説韓国の歴史』河出書房新社、1988.9

京都大学文学研究科編『日本語の起源と古代日本語』臨川書店、2015.3

久保寺逸彦『アイヌ叙事詩　神謡・聖伝の研究』岩波書店、1977.2

久保寺逸彦『アイヌ民族の宗教と儀礼』草風館、2001.12

久保寺逸彦『アイヌ民族の文学と生活』草風館、2004.4

久保寺逸彦『アイヌ語・日本語辞典稿』草風館、2020.5

倉野憲司『古事記』岩波書店、2016.12

小坂洋右『アイヌ、日本人、その世界』藤田印刷、2019.7

斎藤成也『核DNA解析でたどる日本人の源流』河出書房新社、2018.4

坂田美奈子『アイヌ口承文学の認識論』御茶の水書房、2011.9

瀬川拓郎『アイヌの歴史海と宝のノマド』講談社、2007.11

瀬川拓郎『アイヌ学入門』講談社、2015.2

瀬川拓郎『アイヌと縄文―もうひとつの日本の歴史』筑摩書房、2016.3

瀬川拓郎『縄文の思想』講談社、2017.11

田村すず子「アイヌ語」『日本列島の言語』三省堂、1997.1

田村すず子『アイヌ語沙流方言辞典』草風館、1998.9

知里真志保『説話・神謡編Ⅰ』平凡社、1973.5

知里真志保『説話・神謡編Ⅱ』平凡社、1973.8

知里真志保『生活誌・民族学編』平凡社、1973.11

知里真志保『アイヌ語研究編』平凡社、1974.5

知里真志保『分類アイヌ語辞典植物編・動物編』平凡社、1976.7

知里真志保『分類アイヌ語辞典人間編』平凡社、1975.10

知里真志保『地名アイヌ語小辞典』北海道出版企画センター、1985.4

知里幸恵『アイヌ神謡集』岩波書店、2010.2

堤隆他『氷河期からのたより』長野県南佐久郡南牧村教育委員会、2018.4

豊島修『死の国・熊野　日本人の聖地信仰』講談社、1992.6

中川裕・中本ムツ子『カムイユカㇻを聞いてアイヌ語を学ぶ』白水社、2014.10

永田方正『初版北海道蝦夷語地名解　復刻版』草風館、1984.9

バチラー、ジョン『アイヌ・英・和辞典及アイヌ語文典』教文館、1905、OCR
　版

藤尾慎一郎『縄文論争』講談社、2002.12

三笠宮崇仁『帝王と墓と民衆オリエントのあけぼの』光文社、1960.12

山田秀三『北海道の地名』草風館、2000.4

［著者略歴］
河田いこひ（かわた・いこい）
1941年、東京生まれ。ボランティアで翻訳に取り組む。
訳書に、『チョルノブィリの火　勇気と痛みの書』（2012
年、風媒社）、『瑣尾録　秀吉の侵略を受けた朝鮮側の一
文化人の記録』（共訳。私家版、2018年）、その他医学書
などがある。

かむぃ・あぃぬ・らむ　縄文の平和とカムィ・ユカラ

2023年6月16日　第1刷発行　（定価はカバーに表示してあります）

著　者　　河田いこひ

発行者　　山口　章

発行所　　名古屋市中区大須 1-16-29
振替 00880-5-5616 電話 052-218-7808　風媒社
http://www.fubaisha.com/

＊印刷・製本／モリモト印刷　　乱丁本・落丁本はお取り替えいたします。
ISBN978-4-8331-3189-6